SHUZIHUA SHIDAI
TUSHUGUAN JIANSHE YANJIU

数字化时代
图书馆建设研究

邓 坚 ◎著

中国书籍出版社
China Book Press

图书在版编目（CIP）数据

数字化时代图书馆建设研究/邓坚著.-- 北京：中国书籍出版社，2023.1
ISBN 978-7-5068-9337-4

Ⅰ.①数… Ⅱ.①邓… Ⅲ.①数字图书馆－图书馆管理－研究 Ⅳ.① G250.76

中国国家版本馆 CIP 数据核字（2023）第 022271 号

数字化时代图书馆建设研究

邓 坚 著

图书策划	尹　浩　李若冰
责任编辑	尹　浩
责任印制	孙马飞　马　芝
出版发行	中国书籍出版社
地　　址	北京市丰台区三路居路 97 号（邮编：100073）
电　　话	（010）52257143（总编室）　（010）52257140（发行部）
电子邮箱	eo@chinabp.com.cn
经　　销	全国新华书店
印　　刷	廊坊市博林印务有限公司
开　　本	710 毫米 × 1000 毫米　1/16
字　　数	228 千字
印　　张	12
版　　次	2023 年 1 月第 1 版
印　　次	2024 年 5 月第 1 次印刷
书　　号	ISBN 978-7-5068-9337-4
定　　价	50.00 元

版权所有　翻印必究

前 言

进入 21 世纪之后,世界进入高新技术发展的关键时期。此时,物联网、云计算、大数据、社交网、5G 等数字技术的广泛应用改变了人们的思想,也改变了各行各业的发展趋向,人类进入了数字化时代。为了适应数字化时代的要求,图书馆也要进行数字化建设,由功能分割、管理的科层化、物本管理的传统形式逐渐发展为信息储存空间小且不易损坏、信息查询与检索方便、信息传递迅速、资源共享的数字化形式,大大提高了信息的使用效率,方便了用户的使用。具体来讲,数字图书馆利用计算机管理数字化信息资源,对全部业务工作实行计算机管理。数字图书馆由于光盘、磁盘的存储密度大、所占空间小,而减少了图书馆的组织机构。通过数字图书馆的建设,用户可以不受时间、空间及文献数量的限制自由地存取信息。在数字图书馆中,信息的流动具有双向性,即用户既可以通过图书馆获取想要的信息,又可以向图书馆输入包括咨询、建议、研究成果等在内的信息。总之,数字图书馆相比于传统图书馆是有很多优势的。任何事物想要有好的发展前景,都要跟随时代的变化而不断改进。数字图书馆同样如此,它必须紧随时代步伐奔赴新的建设征程。因此,对当前数字化环境下的图书馆建设展开研究是十分必要的。为此,笔者精心撰写了《数字化时代图书馆建设研究》一书。

本书由绪论和五章内容构成。为了帮助读者了解本书的写作背景,绪论详细阐述了从传统走向数字的图书馆建设,为下文做好铺垫。接下来,第一章分别从概念与特征、功能与价值、发展与现状等方面对数字图书馆进行论述,为读者在心中建立基本的知识框架打下基础。数字技术是建设数字图书馆的技术前提,因而第二章着眼于数字技术,分别论述了物联网技术、云计算技术、大数据技术在数字图书馆中的应用。第三章着眼于数字图书馆的信息资源建设，分别阐述了数字图书馆信息资源的构成与类型、采集与存储、建设的模式与策略以及版权保护这四个方面的内容。第四章梳理了数字图书馆用户服务的相关内容，深入研究了数字化时代图书馆用户的特征与需求、数字图书馆的用户服务理念、数字图书馆的用户服务策略和数字图书馆的用户服务评价。第五章为最后一章，以高校数字图书馆、公共数字图书馆、专业数字图书馆为例论述了数字化时代不同类型图书馆的建设与发展状况。

  在本书的撰写过程中，笔者参考并吸收了学界前辈的部分研究成果，他们为本书提供了理论支撑和实践材料，特此致以衷心的感谢。由于时间紧迫和笔者水平有限，书中可能还存在一些不足之处，衷心期待同行和广大读者予以批评指正。

目 录

绪　论　从传统走向数字的图书馆建设　　　/1

第一章　数字化时代的数字图书馆概述　　　/8

　　第一节　数字图书馆的概念与特征　　　/9
　　第二节　数字图书馆的功能与价值　　　/18
　　第三节　数字图书馆建设的发展与现状　　　/24

第二章　基于数字技术的数字图书馆建设　　　/41

　　第一节　物联网技术在数字图书馆中的应用　　　/42
　　第二节　云计算技术在数字图书馆中的应用　　　/52
　　第三节　大数据技术在数字图书馆中的应用　　　/64

第三章　数字图书馆信息资源建设　　　/74

　　第一节　数字图书馆信息资源的构成与类型　　　/75
　　第二节　数字图书馆信息资源的采集与存储　　　/82
　　第三节　数字图书馆信息资源建设的模式与策略　　　/102
　　第四节　数字图书馆信息资源版权保护　　　/109

第四章 数字图书馆用户服务研究 /118

第一节　数字化时代图书馆用户的特征与需求　/119
第二节　数字图书馆的用户服务理念　/123
第三节　数字图书馆的用户服务策略　/127
第四节　数字图书馆的用户服务评价　/131

第五章 数字化时代不同类型图书馆的建设与发展 /141

第一节　高校数字图书馆的建设与发展研究　/142
第二节　公共数字图书馆的建设与发展研究　/155
第三节　专业数字图书馆的建设与发展研究　/168

参考文献 /181

一

绪 论

从传统走向数字的图书馆建设

  随着数字化时代的来临,图书馆建设模式由单一的传统图书馆形式向数字图书馆发展。数字图书馆是科技发展下的产物,也是对传统图书馆的超越与补充。本章即对从传统图书馆向数字图书馆的演变过程,传统图书馆与数字图书馆的关系、共性与区别展开探索,使读者对图书馆建设的变化有更加深刻的了解。

一、从传统图书馆向数字图书馆的演变

古代藏书楼是传统图书馆最初存在的形态。根据历史典籍记录可知，周朝时便已经设立了"藏室"这一藏书机构。汉朝时设置了藏书的简策、抄书的官员。刘向、刘歆精心整理藏书，编制出了《七略》这一图书目录，这是我国出现时间最早的图书目录。在此之后，各个朝代的藏书楼便以"阁、馆、斋"等进行命名，然而能够享用藏书楼中的藏书资源的个体是极少数，主要包括皇帝、王公大臣与士大夫等。藏书楼发挥着保护历史文化典籍的功能，它注重书籍的收藏，缺乏良好的用户服务。步入近代以来，西方资产阶级民主思想传入中国，对国民的思想产生了巨大影响，清政府也由此废除了延续千年的科举制度，积极兴办学校。与此同时，清政府在1910年于北京建造了京师图书馆，并正式首度使用"图书馆"这一名称。但是京师图书馆并非面向社会大众开放，阅读对象具有十分严格的限制，寻常的劳动人民无法享受到图书馆中的资源。步入现代以后，因为经济的发展与民众受教育程度的提升，越来越多的人产生了阅读图书文献的需求，图书馆也由此演变为人们获取知识的重要场所。在此过程中，图书馆为了克服自身"注重收藏，轻视服务"的不足，在"变藏为用"方面进行了积极的尝试与努力，探索出了形式多样的、方便读者查找图书资源的方法，如图书分类法、主题词法等。然而，由于使用不便捷、效率较低，传统图书馆的服务并未得到大众的高度认可。哪怕近些年来，传统图书馆已经引进计算机，实现了检索自动化，但传统图书馆提供的仅是二次文献，读者无法阅读全文。

20世纪90年代初，随着互联网技术的兴起与发展，数字图书馆——建立于互联网技术上的新兴图书馆形式由此形成。数字图书馆的概念最初并非由图书馆情报界人士提出，而是网络运营商敏锐地察觉到通过互联网开展信息服务的良好机遇，凭借着研制数据库来获得可观的收益，这种网络数字图书馆被视为数字图书馆的前身。这也能够看出，区别于传统图书馆注重收藏、忽略应用的特点，数字图书馆在形成之初便注重应用功能的发展。然而，网络运营商最重视的仍旧是取得收益，他们对读者的阅读喜好、信息需求缺少足够的研究，较难发挥图书馆应有的社会职能。图书馆作为聚集、保

存社会信息资源的场所，是不能被其他事物所取代的，因而数字图书馆的普及和发展从本质上而言仍旧属于图书馆的领域范围。

然而，传统图书馆和数字图书馆本身便表现出显著的区别，这种区别是不能消除的，也深刻表明了传统图书馆和数字图书馆都是不能取代的图书馆形式。例如，传统图书馆的书刊采购与编目都以实体书刊为载体，而数字图书馆的数字资源建设、存储与自动标引并生成索引都是利用计算机对大量数字信息的科学处理。尽管数字图书馆也具有接近传统图书馆之处，但是它们本质上是迥异的。应当说，数字图书馆是基于先进的数字技术对传统图书馆做出合理"扬弃"后的产物。一方面，它仍旧保留了传统图书馆一些合适的内涵与理念；另一方面，它又在技术层面弥补了传统图书馆"注重收藏、轻视应用"的不足，更加重要的是，它发展出了一条兼具开放性与自主性特质的学习新路径，并对人类的生产生活方式与学习习惯产生愈发显著的影响，这是传统图书馆不能取得的效果。毕竟数字图书馆是数字化时代形成的图书馆新业态，标示着新兴生产力的发展动向。①

二、传统图书馆与数字图书馆的关系

（一）数字图书馆是传统图书馆的必然趋势

随着数字化时代的来临，高科技产业的繁荣带动了其他产业的兴盛，图书馆也因此出现了显著的变化。宽带网络的普及也使得人们不出家门便能够购物、工作、交流等，人们希望在家上网便能够浏览丰富的图书信息或者下载信息资源。这是传统图书馆不能做到的事情。只有实现图书资源的数字化，利用互联网共享图书数字资源，才能够充分满足大量用户的需求。所以，数字图书馆是传统图书馆的发展方向和必然趋势。

（二）传统图书馆是数字图书馆的基础

数字图书馆是基于网络信息的数字化平台，是一种无纸化的信息资

---

① 张慧湘．在与传统图书馆的比较中看我国数字图书馆的发展方向[J]．图书馆论坛，2006（4）：127-129．

源，但同样需要传统图书馆的支持。数字图书馆的信息资源，除了一部分资源是由出版社以电子文档的形式提供外，还有相当一部分信息资源是早期的文献和古典文献藏书资料，这些藏书资料由于当时科技落后，在出版发行时无法实现资源数字化，在转化为数字图书馆的藏书资源时，必须将该资源数字化，所以还必须由图书馆和信息加工部门去搜集、整理、加工，再进行数字化。可见，数字图书馆在初期仍然需要传统图书馆做好古典文献的典藏管理及服务。

（三）数字图书馆与传统图书馆相辅相成

数字图书馆的出现能够在很大程度上弥补传统图书馆在服务模式上的缺陷，数字图书馆借助互联网实现资源共享，从而实现不同地区之间的网络资源互访，正好弥补了传统图书馆难以实现的不同地区互借、互阅的服务功能。

数字图书馆在资源文献建设、文献分类与编目方面离不开传统图书馆的支持，实际上，数字图书馆并未改变传统图书馆的本质与内涵，它在很大程度上与传统图书馆有同样的功能、目标，它只是传统图书馆的服务模式在网络环境上拓展，从而弥补了传统图书馆在网络虚拟环境里的不足。所以，两者是相辅相成的，互相弥补了各自的不足。

三、传统图书馆与数字图书馆的比较

（一）传统图书馆与数字图书馆的共性

作为人类知识保存与传播的公共服务体系，传统图书馆和数字图书馆会表现出一定的共性，具体主要体现在下列几个方面：第一，知识信息服务的内容相同。不管是传统图书馆还是数字图书馆，都保存着大量的人类知识信息，这些知识信息是人们了解世界、发展自身创造力的基础。第二，知识信息整理的方式一致。不管是数字图书馆还是传统图书馆，为了丰富自身的馆藏资源，都需要充分地搜集、开发信息资源。第三，知识信息服务的性质一致。不管是数字图书馆还是传统图书馆，面向的服务对象都是社会公众，所以，它们提供的服务表现出非排他性的特性，可以看作具有公益色彩的社会服务。第四，知识信息服务的功能一样。不管在哪一历史时期，图书馆都需要秉承服务性这一基本特性，所以，传统图书馆与数字图书馆都应发挥保存与传播知识文化的社会功能。

（二）传统图书馆与数字图书馆的区别

因为传统图书馆和数字图书馆是不同时代背景、不同技术条件下的图书馆形式，所以，它们自然也表现出较多的区别，具体而言，这些区别主要体现在下列几个方面：

1.知识信息的载体不同

在传统图书馆中，用户主要通过阅读书籍、期刊、报纸等纸质媒介获取知识信息。由此可见，传统图书馆知识信息的载体主要是以书籍、期刊、报纸等为代表的纸质媒介，而数字图书馆中的知识信息主要以电子或数字信息资源的形式存在，载体主要是大型信息库和检索系统。

2.服务模式不同

传统图书馆建立在实体事物的基础上，需要特定的场所与纸质文献，由图书管理员通过图书馆管理与服务工作向读者群体提供借阅服务。传统图书馆的服务受特定的时间与空间的制约，通常面向的读者群体也有限制，读者还要进行烦琐的借阅操作，所以，这样的服务呈现明显的封闭性。数字图书馆秉承着"以读者为中心"的理念，依据读者的特征与实际需求设立具有针对性的服务项目与模式，使图书馆服务更具个性化色彩。数字图书馆打破了时间与空间的限制，提供智能化检索、远程网络传输等先进服务，呈现出区别于传统图书馆的服务层次，所以，数字图书馆的服务表现出开放性。

3.工作中心不同

传统图书馆围绕着"书"这一中心展开建设，工作的中心在于实体书籍流通和阅览，并按照书刊资源的学科属性设立不同的馆藏室；数字图书馆围绕用户的需求展开工作，工作的中心在于信息的收集、网络导航等，并依据服务内容的差异设置相应的部门，由此工作效率获得了显著的提升。

4.占有馆藏知识信息的方式不同

在传统图书馆中，读者主要依靠以书籍为代表的纸质媒介的借阅获取自身需求的知识信息。传统图书馆采用一次性购买书籍等实体媒介的方式，获得其承载的信息资源的所有权与永久使用权。数字图书馆采用的占有信息知识的方式区别于传统图书馆，主要包括购买数字信息资源的所有权或许可使用权。通过这样的方式，数字图书馆只是获得信息知识资源的使用权，而非其本体，并且这样的使用权具有一定的期限。一旦数字图书馆中的信息知识资源超出服务期或者需要进行数据库的更新升级，便需要另外购买使用权。

5.评价标准不同

衡量传统图书馆的优劣主要在于评估其馆藏图书文献的类型与数量，即一所图书馆具备的藏书类型越多样、数目越庞大，那么便代表该图书馆的馆藏资源越具有深厚的价值。衡量数字图书馆的优劣主要在于评估其信息获取的速度与便捷性。用户面对数字图书馆，更加注重其数字化信息资讯服务的水平，而数字图书馆具有海量的馆藏知识信息资源，检索十分方便，能够满足用户的需求。

6.信息资源传播方式不同

传统图书馆的资源以纸质图书资料为主，读者采用阅读的方式获取信息，在此过程中，知识信息也实现了有效的传播。在传统图书馆中，读者只要手持图书资料，便能够时刻进行阅读。然而因为承载知识信息的载体是纸质书籍、报刊等，所以，读者获取信息的数量会受到传统图书馆馆藏文献资源数目的制约，而其信息获取的便利性也会受到图书流通速度与书籍数目的约束。而用户在数字图书馆上主要是通过电子信息终端与网络平台获得丰富的信息，所以，电子信息终端与网络技术的先进程度是影响用户获取信息的数量与速度的关键因素。

若是技术手段非常先进与安全，数字图书馆便能够充分满足用户迅速、巨量的信息获取要求。但是因为受到技术条件的束缚，信息的获取需要一定的技术条件提供充分支持，而且信息的获取也时常受到网络速度、访问量与网络安全等问题的制约。[①]

[①] 孟博超. 传统图书馆与数字图书馆的比较及其发展趋势 [J]. 科技情报开发与经济，2011（31）：52-54.

第一章
数字化时代的数字图书馆概述

数字图书馆是数字化时代图书馆新的业态,它表面上是一个用数字技术处理和存储各种文献资源的图书馆,实质上是一种利用多媒体制作的分布式信息系统。数字图书馆把各种不同载体、不同地理位置的信息资源用数字技术存储,以便于不同区域的使用对象的网络查询和传播。数字图书馆涉及信息资源加工、存储、检索、传输和利用的全过程。通俗地说,数字图书馆就是虚拟的、没有围墙的图书馆,是基于网络环境共建、共享、可扩展的知识网络系统,是超大规模的、分布式的、便于使用的、没有时空限制的、可以实现跨库无缝链接与智能检索的知识中心。

第一节 数字图书馆的概念与特征

一、数字图书馆的概念

"数字图书馆"一词是由英文 Digital Library 翻译过来的,它的首次提出是在 1990 年的美国密歇根州立大学。它一出现,就引起了人们的研究和注意,并在全世界迅速掀起了数字图书馆研究热潮,计算机和图书情报领域的专家、学者都纷纷参与到数字图书馆的研究之中,随即还出现了一些与之相近的名称,如"电子图书馆""网上图书馆""虚拟图书馆"等。[1]对于数字图书馆概念的定义,不同的研究学者有不同的理解,而且国内外也有区别。

（一）国外学者对数字图书馆概念的认识

国外数字图书馆产生于 20 世纪 90 年代,距今已经发展了三十余年。数字图书馆的复杂性及其研究领域的多样性,使数字图书馆的概念也一直被刷新。有学者将这一现象概括为"有多少数字图书馆项目就有多少种定义"。据统计,关于数字图书馆的正式和非正式定义已经有百余种。一些国际著名研究机构和知名学者根据自己的研究,对数字图书馆给出了不同的定义。这些定义虽然对数字图书馆的功能的定义有不同的侧重点,但是对数字图书馆都有一个共识,即数字图书馆是用不同于传统的方式构建图书馆的新环境。下面就国外比较有名的四种数字图书馆论断进行分析。

1. 数字图书馆要素论

1995 年,美国研究图书馆协会对 20 世纪 90 年代前期的数字图书馆的各种定义进行了归纳,总结出数字图书馆的五大要素,以帮助图书馆馆员更

---

[1] 龚胜泉,汪红军.知识管理与数字图书馆建设研究[M].成都:四川大学出版社,2014:100.

好地理解和界定数字图书馆。这五大要素分别如下：①数字图书馆不是一个简单实体；②数字图书馆需要使用技术链接众多资源；③数字图书馆与信息资源的联系对读者是透明的；④普遍存取和信息服务是数字图书馆的最终目标；⑤数字图书馆馆藏不限于文献代用品，还包括不以印刷格式表达或传送的数字式人工制品。在以下七个较有代表性的数字图书馆定义中，都可以用这五个要素进行解读。当然，并不是五个要素都会出现在一个定义中。

第一个，美国数字图书馆初始计划认为，数字图书馆是将馆藏、服务和人集中在一起并支持数据、信息和知识的创造、传递、使用和保存的环境。这个定义除了要素论中的第三个要素，其他要素都有体现。

第二个，数字图书馆联盟将数字图书馆定义为对信息进行收集、整理、保管和使用并保证数字信息的一致性，从而能够方便、经济地为读者服务的机构。这个定义包含了第一和第五这两个要素。

第三个，英国电子图书馆界认为，数字图书馆利用数字技术获取、存储、保管并提供利用信息和资料，不管其原出版形式如何。这个定义包含了第二和第五这两个要素。

第四个，美国研究图书馆协会为专业人员提供了有关数字图书馆的若干定义，比如数字化的或经过编码的资料集合，以便进行电子传输；拥有或控制这种资料的组织或机构；将提供电子信息、制定价格、提供查找帮助和保护版权限制的各现有机构联系起来的机构；将各机构汇聚起来的联合体；对所有资料进行扫描、输入和编码的图书馆，使得全部馆藏可以在任何地方进行电子存取；可以进行网络存取和拥有光盘馆藏的图书馆。这些定义与要素论类似，提供了数字图书馆的各种功能和特征。它们定义的要素内容超过了五个要素，提出了"联合体"的概念。

第五个，迈克尔·莱克提出，数字图书馆是经过组织的数字化信息集合，将图书馆与档案馆通常开展的信息构建和搜集工作与通过计算机实现的数字化描述融为一体。这个定义包含了第一和第五这两个要素，并提出了图书馆与档案馆合二为一的内涵扩展。

第六个，康乃尔大学教授、D-Lib 杂志主编 W.Y. 阿姆斯提出的非正式定义为，数字图书馆是经过处理的信息集合，并提供相关的服务，其信息以数字形式存储，通过网络存取。这个定义包含了第四和第五这两个要素。

第七个，索科洛娃和利雅别夫认为，数字图书馆是一个分布式信息系统，它能够保存并有效地利用各种各样的电子文献。读者可以通过全球网络的传输来便利地获取这些电子文献。这个定义包含了第一和第四这两个要素。

2.数字图书馆层次论

有关数字图书馆的定义除了要素论，还有层次论，它从数字图书馆的不同结构层次来论述其定义。大卫·鲍登和伊恩·罗兰从基本认识、内容、服务与利用、研究与评价四个方面总结了学术界对数字图书馆的看法。这两位学者提出了数字图书馆的四个结构层次：读者界面、网络与通信、信息资源、参考服务系统。这四个结构层次支持数字化、大型数据库、快速数据传送和权利管理四大基本功能。同时，两位学者归纳了数字图书馆的不同研究方法和研究问题。这些研究方法和研究问题涉及八个主题领域：人的因素、组织因素、图书馆管理因素、信息法律与政策因素、系统因素、知识组织与发现因素、对信息传递链条的影响和未来的研究与构想。根据上述观点，他们将数字图书馆的定义归纳为三个类型：一是关注技术，数字图书馆使读者与网上传递的信息有效地进行交互；二是关注大背景，数字图书馆利用动态的或成为档案的文献库提供电子文献的信息系统和服务；三是强调社会职能，数字图书馆是利用电子资料、资源、计算机设备和技术将读者、作者、图书馆员和研究人员联合起来的人类活动系统。

大卫·鲍登和伊恩·罗兰归纳的层次论同样适用于解读上述"要素论"中提及的七个数字图书馆的定义。这七个定义中，第3—7个定义既关注技术又关注大背景；第2个定义关注大背景；第1、2、4个定义强调社会智能。

3.数字图书馆发展论

数字图书馆的概念还随着自身的发展而不断扩充。在数字图书馆建设初期，学者们对数字图书馆的定义都侧重于数字图书馆技术，但在后来却覆盖了资源创造、收藏、传播、服务的全过程。因此，数字图书馆的定义沿着发展的轨迹，拓展内涵和外延。除了要素论中的七个数字图书馆定义，还有不少带有明显发展论痕迹的数字图书馆定义。下面列举出三个具有代表性的定义：

第一个，在1995年美国联邦信息基础结构与应用项目数字图书馆专题研讨会上，数字图书馆被定义为向读者群体提供便于查找利用庞大的经过组织的信息和知识存储库的手段的系统。

第二个，在1997年的美国国家科学基金会资助的关于"分散式知识工作环境"专题讨论会上，学者们认为，数字图书馆的概念并不仅是一个有着信息管理工作的数字收藏的等价词，还是一个环境，它将收藏、服务和人集中在一起以支持数据、信息乃至知识的全部流程，包括从创造、传播、使用到保存的全过程。

第三个，在2003年美国科学基金会召开的"未来的浪潮：NSF后数字图书馆未来研究会"上，数字图书馆被定义为一个数字环境，一个"无所不在的知识环境"。

以上三个定义虽然是三个不同组织提供的，但它们之间存在着内在的关联：将数字图书馆从系统扩展到过程，再从过程推至"无所不在的知识环境"，呈现出螺旋式上升的发展进程。[①]

4.数字图书馆的通用定义

从上述论断中可知，人们从要素论、层次论、发展论对数字图书馆的定义进行了论述，并得出不同的概念。虽然这些定义存在很多相似之处，但还是有一些争议。因此，1998年，美国数字图书馆工作小组在斯坦福大学召开的数字会议上首先提出了"通用定义"的构想，希望通过构建数字图书馆通用模型来消除人们理解上的分歧，并形成有关数字图书馆的一致性理论框架。斯坦福会议之后，弗吉尼亚州技术学院计算机系的爱德华·福克斯博士提出了"5S理论"，并按照分面组合方法设计了数字图书馆的通用定义。该理论采用XML语言将数字图书馆系统分解为社会性要素（Societies）、情境性要素（Scenarios）、空间性要素（Spaces）、结构性要素（Structures）和流体性要素（Streams）。这五个要素分别承担了不同的职能：社会性要素能够满足人们的信息需求；情境性要素可以提供相应的

---

① 孙晓菲，韩子静，熊健敏.云中论图：解构与重构：论数字图书馆标准规范体系建设[M].杭州：浙江大学出版社，2017：22.

信息服务；空间性要素以有用的方式展示信息；结构性要素以有用的方式组织信息；流体性要素与读者交流信息。这五个要素是对数字图书馆的一种简化，"5S理论"定义了一整套符号体系用于数字图书馆建模，并将数字图书馆的各类服务详细地列举出来。

（二）国内学者对数字图书馆概念的认识

我国数字图书馆领域的研究和实践比国外的晚一些，对数字图书馆的认识是从研究国外数字图书馆发展开始的。在多年的理论研究与实践中，国内也逐步形成了数字图书馆理论体系。在发展过程中，数字图书馆的定义被不断扩充，并被赋予了各种新的内涵。

1998年，中国科学院文献情报中心的汪冰在发表《电子图书馆及其相关概念辨析》后，又发表了《数字图书馆：定义、影响和问题》，这是国内较早全面探讨电子图书馆和数字图书馆定义的文章。文章从四个不同出发点归纳了数字图书馆的四种代表性定义：①数字图书馆等于计算机化的、网络化的图书馆系统；②数字图书馆是一种新信息技术在类似机构中的应用；③数字图书馆是一种新类型的图书馆；④数字图书馆不是一个机构，而是一个抽象概念或一种信息服务思想。

2004年，中国科学院国家科学图书馆的张晓林在《从数字图书馆到e-Knowledge机制》一文中也对数字图书馆提出了独到的见解。他认为数字图书馆是一种e-Knowledge机制，即基于知识内容、应用环境和应用群体有机交互的数字化、知识化服务机制。

同样是在2004年，上海图书馆的刘炜从不同角度对数字图书馆进行了描述。他认为数字图书馆是一个交叉研究领域，目的是解决分布式环境下的数字资源对象的组织、访问和服务问题；数字图书馆作为一个分布异构环境中的知识体系，为知识的语义理解、计算机理解、计算机和人进行交互提供了应用实现途径。

2008年，中国科学院国家科学图书馆的孟建华在《关于数字图书馆定义的再思考》一文中对数字图书馆的定义进行了再梳理，并提出了自己的观点。文章总结了我国数字图书馆的研究历程，并归纳了有关数字图书馆的三种典型定义：第一，数字图书馆是数字化的信息资源库，它是分布式的，可以在统一的网络平台上运行,并且可以不断扩展;第二,数字图书馆是用数字技术处理和存储各种图文并茂文献的图书馆,是一种利用多媒体制作的分布式信息系统,是把各种不同载体、不同地理位置的信息资源用数字技术存储,以跨越区域面向用户传播并提供网络查询服务的一个大型信息系统;第三,数字图书馆集成了各种数字化技术,把各种文献替换成计算机能识别的二进制系列图像,它是经一定的权限管理利用互联网技术实现全球信息共享的一个数字化馆藏。该文认为这三种定义的核心思路是一致的,都认为数字图书馆是能够提供电子图书文献管理和服务的系统平台,是超大规模的、分布式的、可以跨库检索的海量数字化信息资源库。除了以上观点,孟建华还补充道:数字图书馆不仅是融知识的创造、储存、加工和传播为一体的综合性知识管理系统,还是一个收集、分析和应用知识的智能决策支持系统。

2012年,大连海洋大学图书馆的白力杰、于向前、曲红在《探析数字图书馆的建设》一文中指出,数字图书馆是对收集、加工、保存以及管理包括历史文献在内的有高度价值的图像、文本、语言、音响、影像、影视、软件和科学数据等多媒体信息,并利用现代电子技术在广域网上进行高速跨库传输,为读者提供现代信息服务的图书馆。它是社会信息基础结构中信息资源管理、存储和传输的基本组织形式,拥有丰富的、超容量的、多种媒体介质的数字化信息资源,依托国际互联网或其他网络而存在,并通过网络为信息需求者提供高效、快捷的数字化信息服务,实现真正意义上的信息资源共享。

2015年,天津师范大学图书馆的刘德勇在《关于数字图书馆建设法律问题的探讨》一文中指出,数字图书馆是与传统实体图书馆相对应的概念,它借助新兴数字信息技术以数字化的书刊资料作为基本馆藏,并使其有序化,以供读者使用。虽然如今的图书馆中建设了大量数据库,也存有众多特色数字资源供读者研究,呈现出一种复合图书馆的趋势,但是书刊依然是其基本馆藏。因此,数字图书馆与传统图书馆的显著区别在于馆藏载体的不同。

2018年,陈美娟和徐正东在《高职数字图书馆研究综述》中归纳了赵晓辉、孟庆兰、金蕾、朱继朋等人的研究,认为数字图书馆是与计算机、多媒体技术和网络技术等众多新兴的技术结合在一起,对传统图书馆进行功能扩展，以智能化的方式对外提供图书馆服务的一个整体系统。

总之，数字图书馆的发展速度是超乎寻常的，进入 21 世纪以后，随着"后数图""泛在理论"等观点的提出，数字图书馆已成为一个国家信息基础设施水平的重要标志，成为各国高科技竞争的焦点和国际经济竞争的新战场，成为图书馆发展的一场革命——"阅读革命"。

二、数字图书馆的特征

数字图书馆是传统图书馆在信息技术高度发展背景下的新形态，由于人们对数字图书馆定义的不同理解，对数字图书馆特征和功能的认识也就不尽相同。总的来说，在当前数字化的环境下，数字图书馆主要体现出了以下几个特征：

（一）信息资源数字化

信息资源的数字化是数字图书馆建设的基础，也是数字图书馆与传统图书馆的根本区别。没有数字化信息资源的存在，图书馆就谈不上数字。在数字图书馆建设初期，主要任务是文献资源的数字化，只有具备充足的数字化资源，数字图书馆才有了根基，才能利用各种技术手段为读者提供服务。数字是信息的载体，信息依附于 0 和 1 数字代码而存在，数字图书馆的信息从收集、整理、存储到提供各种检索服务、传输服务的全部过程，都是以数字化形式存在的。[1] 因此，信息资源存储与传递的数字化是数字图书馆最本质的特征。

（二）信息组织网状化

数字图书馆利用数字技术和超文本技术使得信息的组织方式发生了质的变化，即知识信息单元由传统图书馆的顺序线性排列转化为可按照自身的逻辑关系组成直接的、相互联系的、非线性的网状结构。各知识信息单元之

---

[1] 靳月香，王浩，刘丽. 著作权与图书馆[M]. 哈尔滨：哈尔滨工程大学出版社，2011：128-129.

间的网状结构充分展示了这些单元之间的逻辑关系,这种组织方式使读者不必关注所查信息的存储位置,只需由搜索引擎、网络指南、学科导航等检索工具完成,便于检索与利用,提高了信息资源的利用价值。这种立体网状的文献链,把不同国家、不同地区、各种服务器、各种网页和各种不同的信息资源通过节点链接起来,大大增加了它的关联度。

(三)信息检索智能化

数字图书馆中信息完全按照自身的逻辑关系组织成相互联系的网状结构。因此,数字图书馆中的信息检索完全是自动的,读者只要根据一定的语法规则,构造合适的检索表达式,就可以用计算机快速、准确地找到需要的信息。在一个复杂的检索表达式中,不仅可以有多个逻辑运算符,也可以使用括号来指定运算的先后顺序,检索快速而准确。可以说,数字图书馆能够提供智能化的服务。

(四)信息存取网络化

网络和通信系统是数字图书馆的主要基础,如果没有网络系统或网络系统不够完善,那么数字图书馆就是一座知识的"孤岛",难以发挥作用。在文献资源数字化的基础上,数字图书馆需要通过以网络和通信系统为主的信息基础设施才能实现,其服务范围是传统图书馆无法比拟的。在任何网络能到达的地方,读者都能通过计算机终端自由、便捷地获取自己所需的信息。

(五)信息服务知识化

数字图书馆提升了文献信息的服务层次,实现了由文献的提供向知识的提供的转变,即信息服务的知识化。数字图书馆将图书、报刊、网页、数据库等各种类型的信息,以知识单元为基础有机组织,向读者提供动态分布的知识服务。数字图书馆信息服务的知识化主要表现在以下五个方面:

第一,数字图书馆的信息服务关注的不是"是否提供了读者需要的信息",而是"通过数字图书馆的服务是否解决了读者的问题"。传统图书馆的信息服务则只在意向读者提供相关的信息。

第二，数字图书馆的信息服务是基于知识内容的服务。它从读者需要解决的问题和问题环境出发来确定读者的需求，并通过信息的析取和重组生成符合读者需要的知识产品。传统图书馆的信息服务则是基于简单的读者提问和文献物理获取的服务。

第三，数字图书馆的信息服务是基于问题解决方案的服务。它关心并致力于帮助读者找到或形成问题的解决方案。与此对应的传统图书馆的信息服务则仅满足于向读者提供具体的信息、数据或文献。

第四，数字图书馆的信息服务贯穿于读者解决问题的全过程，是贯穿于读者进行知识捕获、知识分析、知识重组和知识应用过程的服务。数字图书馆的信息服务是动态的、连续的。传统图书馆的信息服务则是基于固有过程或固有内容的服务，是静态的，不具有连续性。

第五，数字图书馆的信息服务是基于知识增值过程的服务，它要求图书馆馆员利用自己独特的知识和能力，对现成文献进行加工、分析，提炼出新的、具有独特价值的知识产品，以帮助读者解决其知识范围内所不能解决的问题。

（六）信息利用共享化

信息资源的数字化和信息存取的网络化使数字图书馆的信息资源能够在更大的范围内为更多的人所共享。数字图书馆信息资源的可共享性，使不同数字图书馆之间可以进行协作，开展资源共建，实现资源共享，弥补单个数字图书馆馆藏数字资源有限的不足，向读者提供无限的、无缝的信息资源。因此，在读者利用数字图书馆的过程中，"馆藏"资源已不再是"私有"物，而是面向世界、面向所有人的"共享"物。

（七）人才队伍专业化

专业化是数字图书馆对图书馆工作者工作素质的基本要求。拓展信息服务、加强科研攻关、解决信息析取和知识聚类等数字图书馆建设中的核心问题都需要高素质的专业人才。

（八）组织管理规范化

数字图书馆的建设是一个庞大的系统工程，必须进行科学的统筹规划，依赖规范的数据标准和高效的信息资源共建共享机制。因此，严格、规范的组织管理是建设数字图书馆的基本保证。

第二节　数字图书馆的功能与价值

数字图书馆系统要在网络环境下以数字化技术为手段，用规范的方法来整理加工信息资源，以供读者使用。[①]为了完成这一目标，数字图书馆系统应具有自身的功能与价值体系。具体说来，数字图书馆的功能与价值主要包括基本功能与价值、社会功能与价值两个方面。

一、数字图书馆的基本功能与价值

（一）采集

数字化信息资源是数字图书馆的基本要素之一，只有数字化信息资源发展到一定规模，才有可能产生数字图书馆。因此，建设数字图书馆的前提和基础应该是采集数字化信息资源。数字信息的采集就是利用现代信息技术，对各类文献信息资源进行收集、整理，并转化为数字信息进行存储的过程。文献信息资源的数字化打破了传统的时间和空间概念，在互联网上传输，为不同地域、不同时段的读者服务，实现信息资源共享。目前，数字图书馆数字信息的采集主要有三种途径：一是将大量有价值的传统文献转化为数字形式进行存储，主要包括印刷型的文字资料、图片资料、磁带声像资料

---

① 王建文.数字化图书与数字图书馆应用研究[M].北京：北京工业大学出版社，2005：16.

和胶卷胶片等缩微资料；二是直接采集原生的数字信息以便计算机直接使用，比如数字出版机构的电子出版物、图书馆在早期的自动化建设中直接生成的 MARC 格式的馆藏目录数据库以及一些专题特色数据库等；三是链接外部信息源，主要包括网页信息资源、电子数据库系统、联机信息检索系统和其他数字图书馆共享的资源。总之，图书馆要在加强馆际合作的前提下，加强自身数据库的建设，并努力定位于各种联机检索终端和各种网络，享用别人的数据库，力争成为网上信息资源的提供者。

（二）存储、组织与管理

数字图书馆的信息资源一般都存储在磁盘阵列之中，数字信息所占存储空间也不再以 M 或 G 为单位来计算，而是以 T 为单位来计算。数字信息的存储方法一直是数字图书馆的建设者和相关研究专家最关注的问题。大量数字化信息的存储都要求计算机硬件和软件必须具有广泛的接口来保持它们的有效性，因为数字信息的存储和使用都离不开硬件和软件的支持。为保证读者检索数字图书馆时系统的响应速度，还应按数字信息的使用频率调动数字信息的存储位置。全文存储是目前数字图书馆的主要存储方式，包括文本和图像混合的电子全文信息。此外，数字图书馆包含大量对象集，包括多种原始信息资料，如图像库、数据库、文件系统、基于 Web 的资源库和电子邮件服务器等。这些对象的组织和管理可用不同平台或基于本地专业资源政策进行。因此，数字图书馆在存储、组织与管理方面应具备一定的功能。比如，能存储大量结构化、非结构化和半结构化数据；能实现多媒体数据集的可视化（图像和视频）以及基于流（视频和音频）和文本（数据集）的存档和管理；能支持源模式的修改；能支持不同能力与水平层次的读者需求。总之，数字图书馆的数据管理方式有许多，包括基于元数据的数据管理、基于数据仓库的数据管理、基于代理的数据管理和基于 XML 的数据管理等。[①]

（三）检索

数字图书馆具有基于内容和知识，向读者提供交互式信息浏览、检索

---

① 程文琴. 数字图书馆的著作权问题研究[M]. 北京：中国农业出版社，2011：17.

的功能和价值。有效的文本信息检索和多媒体信息检索是数字图书馆的重要技术。目前，文本信息的检索已实现了全文知识检索的功能。当前，多媒体数据库的检索技术是数字图书馆领域研究的热点问题之一。数字图书馆想要为方便读者快速和简便地检索多媒体数据库中的声音、图像、视频等信息内容，首先要对图像、声音和视频建立索引，让读者可以根据多媒体信息的颜色、形状、纹理和运动等视觉特征实现对多媒体信息的查询与管理。读者检索和使用数字图书馆是通过读者界面实现的。因此，一个标准和人性化的读者界面可以使读者不经特殊训练就能对数字图书馆的各种信息进行检索。

（四）传递与发布

数字图书馆的信息资源是通过网络传送到读者面前，实现信息的传递与发布的。互联网作为当前数字图书馆现实的网络环境，由一大批共同遵循 TCP/IP 协议的计算机终端互联而成。数字图书馆各种数字信息的发布主要有通过网络静态和动态发布两种方式。静态发布是指读者在浏览中通过 URL 发送请求页面给 Web 服务器，Web 服务器再根据接收到的 URL 将静态页面返回给读者的浏览器；动态发布则是指读者在浏览器交互表格中输入检索请求信息并将其提交给 Web 服务器，Web 服务器将收到的检索请求信息传递给相应的脚本或应用程序，在脚本或应用程序完成数据库的查询之后，Web 服务器会将脚本或应用程序查询数据库的结果以 HTML 页面的形式返回读者的浏览器。

（五）权限管理

互联网技术扩大了数字图书馆的读者范围，使只要有条件使用互联网的读者，都能使用数字图书馆的资源，为读者检索和使用数字图书馆的资源提供了极大的便利。然而，为保证数字图书馆资源和系统的安全，需要对网络上不同身份的读者分配不同的权限，以保护信息所有者的知识产权不受侵害。因此，必须在均衡数字图书馆系统的安全性和可用性的基础上，采用技术手段和管理手段来建立合理的读者权限管理解决方案。

二、数字图书馆的社会功能与价值

数字图书馆的社会功能与价值是其基本功能与外界环境相互作用的社会表现形式。1975 年，国际图书联合会在法国里昂召开的会议上，将图书馆的社会功能与价值总结为保存文化遗产、开展社会教育、传递科学技术情报和开发智力资源四个方面。数字图书馆的出现，并没有从根本上否定这些功能与价值，而是用新的技术手段和方式予以呈现。在当前数字化大发展的环境下，数字图书馆的社会功能与价值主要表现在以下几个方面：

（一）保存文化遗产

数字图书馆以新的技术手段在保存人类文化遗产方面显示出了较大的优势，不但缓解了日趋严重的馆藏空间不足的压力，而且使长期困扰图书馆馆员在保存馆藏的珍贵文献资料方面的难题得以解决。它通过对那些长期经历风化或虫蛀损坏、濒临毁灭的古代珍本、善本文献进行数字化转换，不仅解决了这些资源永久保存的问题，还通过对公众开放充分发挥了其利用价值，从而解决了藏与用的矛盾。

（二）传递适用信息

数字图书馆作为知识的中心、信息的枢纽，发挥着知识传播和信息交流的功能，可随时向读者传递时事政策、法律法规、社会道德规范、各学科专业知识等信息内容。同时，使用数字图书馆的读者不再受时空的限制，可以方便地与他人进行交流、讨论。数字图书馆成为不同时空的读者信息交流的媒介，在很大程度上促进了每个读者头脑中隐性知识的显性化。

（三）开展社会教育

数字图书馆存储的知识信息，从横向看，几乎包含了所有学科门类的内容；从纵向看，则囊括了不同深度和层次的信息内容。因此，数字图书馆存储着能满足各种专业、各种工作领域和各种文化程度的读者需要的知识和信息，而且可以不受时间和空间的限制，世界上任何角落的任何人都同样享受着同等的数字图书馆服务。数字图书馆正在成为真正意义上的"无围墙的大学"。

当今社会,知识的作用正在变得越来越大,终身学习成为社会成员生存的基本要求,数字图书馆日益成为社会教育的重要组成部分。当然,数字图书馆的教育不是教师授课、学生听讲式的教育,而是以读者自主学习为基本形态。在读者自主学习的基础上,数字图书馆通过虚拟咨询给予适当的指导与帮助,帮助读者达到自我学习、自我提高的目的。读者在数字图书馆习惯性地学习知识,可以增强自身在知识型社会的生存能力。因此,数字图书馆只有把社会成员培养成不断学习、终身学习的学习型人员,才能适应现代学习型社会的要求,从而提高全民的文化素质。

(四)创新知识资源

数字图书馆收藏的知识资源是人类智慧的结晶,是一种智力资源。数字图书馆将各种知识信息最详细、最全面地充分揭示出来,为每一位读者提供准确、快速的服务。这是充分开发数字图书馆的智力资源,挖掘其知识价值的最好方法。同时,通过使用数字图书馆的文献资源,读者可以提高知识水平、改变知识结构、开阔视野,这也是开发智力、进行知识创新的最佳途径。

(五)承载数字文化

随着数字技术的发展,数字电视、数字电话、电子商务等以数字技术为基础的家用产品、公共设施等与人们的生活将越来越紧密。一种新形态的文化正在形成,这就是数字化时代的数字文化。在现代信息技术中,计算机具有决定性的意义。对于计算机来说,任何信息只有以数字的形式出现,才能被识别、理解和处理,与此相关的一系列变革便形成了数字文化。数字文化是一种大众文化,是一种低成本运作的文化,具有公开性和开放性等特征,因而具有极大的优越性,也越来越被人们重视。数字图书馆发挥着承载数字文化的强大功能,它将大量数字文化集结在一起供给读者使用,让读者可以通过网络在任何时间、任何地点进行阅读。

（六）提供文化休闲

兴趣是驱动读者运用数字图书馆的重要动力。数字图书馆中的各种知识，可以满足读者各方面的兴趣。例如，文学类知识可以使读者获得审美体验和精神享受，音乐类知识可以使读者获得精神愉悦，科技类知识可以使读者增长见闻……正如英国文化、传媒和体育部图书馆情报委员会在《新图书馆：人民的网络》研究报告中指出的那样："明天的新图书馆将继续向大众提供各种日常生活信息，并广泛地提供有价值的休闲和文化机会。"[1]

（七）开发智力资源

数字图书馆收藏的信息资源是人类智慧的结晶，是一种智力资源。最详细、最全面地将各种知识信息充分揭示出来，为每一位需要的人提供准确快速的服务，这是开发数字图书馆智力资源最好的方法之一。数字图书馆通过其信息服务来提高读者的知识水平、改变读者的知识结构、开阔读者的视野、培养读者的技能，这也是对读者智力——脑力资源的开发的最好途径之一。

（八）开展网络导航

当数字图书馆的信息资源通过网络连接千家万户以后，对于终端上的读者来说，他们关心的是如何获得而不在乎从哪里获得自己所需要的信息。读者需要通过多次复杂的搜索、查询才能从浩如烟海的信息资源中获得所需的知识。因此，为了方便读者搜索和查询，必须建立一个网络指南——数字图书馆，以帮助读者在浩瀚的信息网络中迅速寻找到所需的信息，起到了网络导航的功能。

（九）通信与宣传

通过网络的连接，读者不再受时间和空间的限制，不仅可以利用网络

---

[1] 贺伟，张贺南，宋福兰. 数字图书馆与数字图书馆服务 [M]. 北京：中国戏剧出版社，2012：30.

发送信息、参加讨论等，以方便快捷地实现与他人交流，还可以把数字图书馆作为一种媒体，向读者宣传时事、政策，宣传法律、法规、社会道德规范，宣传企业文化，宣传地方特色等各类知识。

综上所述，数字图书馆是数字化时代较新的事物，它是人类实现接近理想状态资源共享的手段。随着人类对其功能与价值研究的不断深入，数字图书馆将会有璀璨的未来。

第三节　数字图书馆建设的发展与现状

一、数字图书馆建设的发展

（一）国外数字图书馆建设的发展

数字图书馆的概念是美国国家科学基金会的伍尔夫撰写国际合作白皮书时正式提出的。因此，美国也是最早开始数字图书馆理论研究和建设的国家。在美国开启"数字图书馆建设计划"之后，英、日、法等国也先后提出了各自的数字图书馆计划，以期能与美国抗衡。

1.美国数字图书馆建设的发展

美国对数字图书馆的研究和建设十分重视，其起步最早，取得的成果也最多。其实，美国国会图书馆在1982年就已经开始了光盘试验项目，旨在探索电子文献图像技术和光盘存储在图书馆文献保存中的应用。

1991年，美国俄亥俄州政府作出了启动俄亥俄网的决定，计划投资2500万美元建立州内图书馆网络中心——Ohio LINK。[1]

1992年，美国在制定"高性能计算机与通信"国家攻关项目中，第一次将发展数字图书馆列入"国家级挑战"项目之一。

---

[1]　方晓红，郭晓丽. 数字图书馆研究［M］. 天津：天津科学技术出版社，2014：86.

1994年6月，美国学者在得克萨斯州召开了第一次数字图书馆的理论研究会议，会议名称是"第一届数字图书馆理论与实践年会"。9月，美国国家科学基金会、国家宇航局和国防部高级研究署联合公布了《数字图书馆倡议》，领导、组织和资助数字图书馆的建设，并在不久后决定进行为期四年的"数字图书馆创始计划"，在斯坦福大学、梅隆大学、伊利诺依大学、密歇根大学、加州大学伯克利分校和圣·巴巴拉分校6所大学进行数字图书馆的分项研究，而且每一个分项目都将作为数字图书馆理论研究和建立模型的基地。其目的是在4年内完成多媒体分布式服务器、智能检索系统、计算机视觉和自然语言处理、面向目次的浏览器与搜索技术、超级文本传输协议HTTP和超级文本标记语言HTML等设计与建设。10月，美国国会图书馆推出了数字化项目，将使该馆馆藏逐步实现数字化，并领导与协调全国的公共图书馆、研究图书馆，将其收藏的图书、绘画、手稿、照片等转换成高清晰度的数字化图像并存储起来，通过互联网供公众利用。11月，美国国家图书情报科学委员会主办召开了"第七届国际情报新技术大会"，大会对"全球数字图书馆"问题展开了较为深入的讨论。

1995年的"美国记忆"项目（1989—1995年）把反映美国历史、文化和立法方面的照片、文字手稿、音乐、电影、图书、图片、乐谱等资料转换成电子格式，供网上检索。该项目还有个宏伟的设想：建设一个国家数字图书馆，将全国所有的公共图书馆、研究图书馆所收藏的各种载体形式的文献资料全部转换成数字信息，并利用网络传输功能使任何一位读者都能够存取和利用。同年，美国最著名的计算机生产商IBM公司发出了"IBM数字化图书馆"的倡议，计划帮助各种类型信息的拥有者，使他们的信息能在全世界的网络上传播。

1998年春，美国投入了四五千万美元实施数字图书馆创新二期工程，新增四个参与单位：美国联邦调查局、美国人文科学基金会、美国国会图书馆、美国国家医学图书馆。

1999年，美国总统信息技术顾问委员会在给总统《信息技术研究：对我们未来的投资》的报告中提出21世纪美国信息技术的研究与开发的四项重点，其中在前两项中都提到了对数字图书馆的建设。

2001年，美国总统信息技术顾问委员会向新上任的布什总统提交了三份报告，其中一份就是《数字图书馆：对人类知识的普遍访问》。在此报告中，委员会提出，要相信数字图书馆能够支持委员会1999年2月的报告《信息技术研究：对我们未来的投资》中提出的所有"国家挑战性变革"，这10条挑战性变革是所有公民能够融入信息时代并从中受益的基本先决条件。数字图书馆将在这些变革中扮演核心角色，每一种变革都会利用或需要数字图书馆才能成为现实。

2010年，美国大学与研究型图书馆协会在其报告《2010大学图书馆十大发展趋势》中指出，移动设备和应用技术的爆炸性发展推动图书馆拓展新的服务模式。据调查，44%的美国大学图书馆和34%的公共图书馆都已经提供了移动信息服务。[1]读者可通过智能手机灵活便利地访问数字图书馆，享受打破时间和空间限制的"移动信息服务"。面对这种变革，国内外图书馆界都采取了相应的行动，相继创建了"移动数字图书馆"服务平台，突破传统的服务界限，延伸图书馆的服务时空，这是图书馆扩大外延服务的一次新的尝试。

2018年，国际数字图书馆联合会议在美国得克萨斯州沃斯堡市召开，会议的主题是"从数据到智慧：跨社会、学科和系统的有机结合"。[2]会议由美国得克萨斯大学信息学院和中国武汉大学信息管理学院联合举办，与"欧洲数字图书馆会议"和"亚洲数字图书馆国际会议"并称为全球数字图书馆研究领域的三大国际学术会议。

2022年10月26日，美国图书馆协会发布了《充分利用图书馆资源以实现全民数字平等》的报告。该报告阐述了图书馆在推进数字平等方面做出的长期贡献，并为决策者在制定各州和地方数字平等计划时利用图书馆专业人员的专业知识提供了依据。从报告中可以看出，美国数字图书馆不仅能为社区居民提供正式或非正式的数字素养课程，还能为农村社区提供线上医疗服务，更能为学生提供一个兼具软件和硬件设施的创客实验室……总之，美国已经将数字图书馆建设成人们值得信赖的社区机构，它拥有影响力、专业

---

[1] 程显静. 图书馆建设与发展研究[M]. 北京：华龄出版社，2018：72.
[2] 武汉大学信息管理学院. 世纪历程[M]. 武汉：武汉大学出版社，2020：269.

知识和各种资源，可以在促进数字平等方面发挥积极作用。①

2.英国数字图书馆建设的发展

1993年，英国不列颠图书馆宣布了利用数字技术使读者最大限度运用其收藏文献的"2000年政策目标"。同年6月，该馆发出了"信息利用倡议"，包括二十多个子项目，主要目的在于研究图书资料数字化以及数据存储、标引、检索和传输的标准，从而推进数字图书馆的发展。

近年来，英国牛津大学、伦敦大学等高校与IBM公司合作构建了电子图书馆的原型，使本校师生能通过校园网来获取有关学习参考资料。英国图书馆资助的数字图书馆研究计划联合了英国最大的三家数字图书馆研究机构或组织——图书馆计划组织、图书馆和情报协会及联合情报系统协会，研究的范围涉及数字图书馆的技术、人文、经济、法律等方面，其目标是为英国教育科研界提供一个经济的、内容全面的、易于获取的、高性能的信息网络系统。

2022年，英国研究型图书馆发布了《图书馆转型：2022—2025年战略》，旨在推动科研部门、信息部门和文化部门勇于改变、开展对话和推进协作。该战略提出了"研究型图书馆的作用""数字转型""开放学术""文化和遗产""集体馆藏"这五大工作策略，并指出图书馆将基于"平等性、多样性和包容性""权利、版权和许可""基础设施"这三大主题来实施战略工作。②

3.日本数字图书馆建设的发展

早在1985年，日本邮政省就提出了电子图书馆的构想，计划在东京和大阪之间建立电子图书馆中心。之后，日本40家主要新闻机构和出版社发起成立"电子图书馆研究会"。

1990年，日本国会图书馆开始启动"关西图书馆计划"，目标是成立

---

① 首都图书馆网站：《美国图书馆协会发布〈充分利用图书馆资源以实现全民数字平等〉报告》，2022年11月4日，https://www.clcn.net.cn/news/default/detail?id=3025，访问日期：2022年11月30日。
② 滁州职业技术学院图书馆网站：《图书馆转型：英国研究型图书馆2022—2025年的战略》，2022年2月24日，https://www.chzc.edu.cn/tsg/info/1008/3435.htm，访问日期：2022年11月30日。

日本最大的数字图书馆和亚洲地区的电子文献信息中心。该计划研究的主要内容包括研制一套信息资源数字化处理系统，广泛收集和使用各种载体的文献，建立一个与国内外数据库相连的现代化数据库系统。

1994年，日本通产省信息技术促进会与日本国立国会图书馆合作，计划将日本国会图书馆建设成一个通过网络提供数字化信息的新型图书馆。到1998年8月，这项计划已实施了3个试验性电子图书馆项目。为了在数字图书馆的建设中充分检验自己公司的通信设备和信息技术，日本的一些计算机和通信公司也积极参与了数字图书馆的建设。

进入21世纪以来，日本政府机构、高等院校和企业界更加重视数字图书馆的研究，并投入了大量经费建设若干实验型数字图书馆项目。概括而言，日本数字图书馆的研究和开发主要集中在以下三个方面：

第一，馆藏资源的数字化技术。日本学术情报中心、日本国会图书馆和全国科学信息中心联合研究试验性电子图书馆、儿童电子图书馆、亚洲信息供应系统、日本国会图书馆关西新馆工程和日本小规模试验型数字图书馆等项目，并于1996年完成了1000万页文献的数字化，含七千多幅超高清晰度的图片扫描影像。[①]

第二，信息系统技术。信息技术促进局、日本信息技术开发中心和各著名计算机公司联合研究网络信息与文献检索系统、电子图书馆数据库系统，使用宽带综合业务数字网远程传输，提供多种查询技术。

第三，日本空间协作系统计划。该计划由奈良尖端科学技术大学、京都大学、筑波大学、东京技术大学和图书馆情报科学大学来实施，实现了日本116所大学共139个站点[②]间的视听资源共享，取得了显著效果。

4.法国数字图书馆建设的发展

1995年，法国新建了国家图书馆，推出了致力于将该馆收藏的100万册图书数字化的国家图书馆数字化工程，计划形成两个大型数据库，共包括约200万条书目数据。[③]同时，法国还参加了欧洲多国合作的项目——欧

[①][②] 包华，克非，张璐.高校图书馆信息资源建设[M].北京：中国商务出版社，2019：165.
[③] 殷占录，胡念，田雪松.数字信息资源研究[M].天津：天津科学技术出版社，2015：67.

洲电子图书馆图像服务计划。此后，蓬皮杜国家艺术文化中心打算通过网络将 15 万个图像提供给全法国读者使用。[①] 该项目由法国国家图书馆主持，目标是实现馆藏的数字化和网络存取，为实现数字图书馆打下雄厚的资源基础，从事数字图书馆解决方案的研究、开发和商品化。

近年来，法国国家图书馆特别重视文化遗产的数字化，将该馆收藏的艺术精品及分散在法国各地的古书艺术插页用彩色高分辨率扫描仪录入光盘。此外，法国国家图书馆建立了数字作品安全传输平台，将各类适合残障读者的图书转化成可在数字设备上阅读的 XML 格式。这种格式下的文字内容可根据设备的特性以最适于阅读的方式（如含有字幕的图像、可发声的网页文本）显示，为残障读者提供了人性化、多样化、便捷的无障碍服务。[②]

（二）国内数字图书馆建设的发展

我国数字图书馆的建设已经经历了约 30 年的发展。在这期间，文化部（今文化和旅游部）、教育部、科技部、中国科学院等部委组织开展了一系列的重大数字图书馆建设项目，极大地推动了我国数字图书馆建设的进程。由于数字图书馆是一个系统工程，同时，数字图书馆至今依然是一个不断生长的集合体，目前还不能就数字图书馆完整生命周期进行断代，只能依据国际上数字图书馆发展的一些研究经验，并结合我国数字图书馆建设发展的历程，对这些年来我国数字图书馆研究、建设和发展的过程进行一些客观性的总结和分析。鉴于我国数字图书馆建设和发展主要以国家重点工程为抓手牵引行业整体的发展，因此可以以国家重点工程建设为标志进行阶段划分，具体如下：

1.探索研究阶段

在 1994—2000 年，国内图书馆行业既关注了国外数字图书馆的发展态势，又研究了国内图书馆的行业特征，还根据工作需要进行了积极的实际探

---

① 殷占录，胡念，田雪松. 数字信息资源研究[M].天津：天津科学技术出版社，2015：67.
② 刘博涵，王小妹. 法国国家图书馆残障读者服务现状及启示[J]. 图书馆建设，2016（10）：63-67.

索和实践。最为突出的变化是，这一阶段研究数字图书馆的论文大量增加，一系列预研型、探索型的工程开始开展。与此同时，图书馆在自身工作的实践中还依托先进的信息技术不断开展业务和服务的创新。

在探索研究阶段，我国数字图书馆建设工作发生了三件大事：1994年，北京图书馆（现中国国家图书馆）、北京大学图书馆、清华大学图书馆率先开展西文期刊光盘检索服务，开设电子阅览室，开创了数字资源服务的先河，随之而来的是图书馆网络建设大张旗鼓地开展起来。1995年，北京图书馆开放远程电话拨号访问西文期刊检索服务，是初步具备数字图书馆服务模式的发端。1999年，中国国家图书馆建立亚洲第一个实际运行的千兆馆域以太网，快速完成了电子图书馆向数字图书馆转变的技术基础。

2.发展建设阶段

2001—2010年是国内数字图书馆事业发展与建设的重要阶段。这个阶段通过国家与各级组织的不断努力，以国家数字图书馆工程、高等教育数字图书馆、国家科学数字图书馆、中共中央党校数字图书馆工程、公共文化信息共享工程等为代表的一批重点工程接连上马，本着"边建设、边服务"的原则，初步开展了国内数字图书馆的服务。

发展建设阶段包含了我国"十五"和"十一五"建设时期。此阶段，国内数字图书馆建设已形成了一定规模，在多个层面获得了成功的经验。国家层面，早在1998年国家就立项实施了"中国数字图书馆工程"，这是在文化部支持下，由国家图书馆组织建设的国家级数字图书馆项目，对我国知识传播和数字信息发展有着战略意义。行业层面，有科技部组建的"国家科技图书文献中心"，教育部组织实施的"全国高等教育文献保障体系"，中国科学院组织实施的"国家科学数字图书馆工程""军队院校数字图书馆工程""全国党校系统数字图书馆工程"等。此外，在深圳、吉林等地区，还逐步规划建设了一些省级的数字图书馆项目，这些共同构成了国内数字图书馆体系既分布又合作的基本框架。同时，各图书馆之间形成的联席会议制度也为在全国范围实施数字图书馆建设做了组织方面的准备。

在国内数字图书馆发展建设阶段，除了由文化部和国家图书馆牵头组织研究和建设了一些国家级、省级的数字图书馆项目，许多市级公共图书馆也建设了数字图书馆,开启了发展建设阶段的百花齐放的局面。一方面,一些企业研发出了数字图书馆的软件系统产品,使得一些市级公共图书馆利用这些软件产品就可以开始数字图书馆尤其是数字资源库的建设,典型的代表就是杭州图书馆和佛山市图书馆用 TRS 开始了数字图书馆数据库的建设;另一方面,一些技术力量强大的图书馆开始了数字图书馆软件系统的建设,如深圳图书馆 2005 年结项的"数字图书馆体系结构研究与应用平台开发"项目等。经过这 10 年的发展建设,国内公共图书馆的数字图书馆在多个方面都获得了显著的成绩,馆内文献总藏量不断增多,且增长速度不断上升,图书馆的服务手段也在不断创新,信息化水平显著提升,信息化设备不断完善,并配备了充足的计算机,建设了大量电子阅览室终端和网站,为信息查询与传播提供了极大的便捷。根据文化部数据统计,2010 年,全国公共图书馆总藏量为 61726 万册,比 2005 年增长 28.4%,数字资源总量约 600 TB,共有计算机 14.3 万台,电子阅览室终端 83124 个,比 2005 年增长了近 200%。[①]

3. 应用服务阶段

自 2011 年至今,国内数字图书馆建设逐渐步入应用服务阶段。

图书馆的本质属性是服务。随着数字图书馆的建设和应用的深入,图书馆服务也逐渐发生着变化。从以资源为中心到以读者为中心,从文献服务到信息服务再到知识服务,从重视资源管理到重视馆员服务,其服务的模式、渠道是不断变化、不断拓展、不断提升的。

在应用服务阶段,图书馆开始积极开展数字资源整合工作,拓展书目检索系统、跨库检索系统、元检索系统等,实现多维度揭示和获取图书、学术期刊等不同类型的资源,通过互联网实现馆内、馆外的一站式服务,从而极大地提升了数字资源的利用效益;通过文献数字化等手段,积极开展特色馆藏的数字化建设,构建具有地方特色的数字资源库,极大地丰富了国内数字图书馆资源和服务的类型;通过加大对移动互联应用的适应性,建立了移动图书馆门户和数字图书馆移动阅读平台,并结合新兴媒体开展了移动服

---

① 韩永进. 中国图书馆事业发展报告·数字图书馆卷 [M]. 北京:国家图书馆出版社,2017:19.

务，扩大了数字图书馆微服务的影响力等。经过这一阶段的建设，我国初步形成了覆盖互联网、移动互联网并适应各种新媒体终端的数字图书馆服务体系。此外，文化部还主导了公共数字文化惠民工程，即县级数字图书馆推广计划、数字图书馆推广工程和公共电子阅览室建设计划，三者互为支撑，互相促进，形成合力，共同在公共图书馆的数字图书馆建设中发挥着重要作用。

二、数字图书馆建设的现状

（一）数字图书馆建设的主要成就

1.国外数字图书馆建设的主要成就

（1）形成了分工协作的局面

国外数字图书馆建设十分重视规划和协调。无论是"美国记忆"，还是 DLI-1、DLI-2，在理论、应用、产业和市场等各个方面都集结了一大批人才，而且经过了缜密的筹划，项目的承担者包括各地的高校、图书馆、出版社、政府机构、IT 产业的研究人员和读者。例如，美国的"数字图书馆创始计划"就重点强调了协作关系，并将相关研究作为核心原则。该计划将强调数字图书馆开发商、研究者与读者三者之间的协作伙伴关系视为共同战略构想，并认为这些关系是数字图书馆成功的关键。参与机构与部门之间的协作就是具体的数字图书馆项目实施过程中对这种协作关系的体现。高校作为数字图书馆规划建设的牵头者，联合了各方组成了数字图书馆战略同盟，包括各级院校、图书馆、学术团体、公司以及政府各部门等。这些机构与团体保障了数字图书馆建设人力、物力、财力等方面的充足资源，并在知识和技术方面相互交流协作，形成合力。这些机构与团体都是进行数字图书馆研究的重要主体，不仅关系着最终成果，也发挥着推动新成果产业化、商品化和市场化的作用。由此可以看出，数字图书馆的研究建设是十分复杂且艰巨的，必须要实现多科学和多方面的有效合作，否则将很难获得有价值的成果。另外，除了表现在数字图书馆研究所设计的学科和专业领域上，研究中的分工协作关系也表现在对具体问题和技术内容的解决上。通过科学的分工协作，可以有效填补研究的空白，避免低水平的重复，从而获取最大化的研究效益。

（2）确立了较广的涉及面

涉及面的广泛性也可以以美国的数字图书馆建设为例加以阐释，其中最具代表性的是其数字图书馆中 DLI-2 的研究，这一研究突破了简单重复的图书馆功能，涉及了众多学科领域，包括政治、经济、教育、历史、语言、数学、生物、医学、数学和空间科学等，体现出十分广泛的涉及面和应用前景。DLI-2 研究的整个生命周期包含了信息的创造、检索、利用、保存和保护等阶段，各阶段的特点决定了这项研究的具体重点，结合所有的相关研究，就可以形成一个完善的数字图书馆。此外，在欧美发达国家中，数字图书馆创始计划的研究体现了两个方面的划分：一方面是按照侧重点对研制技术进行区分，另一方面是按照学科对研制内容进行区分。这两个方面保证了其数字图书馆研究的全面性和深入性。同时，将各个部分进行组合，又可以形成一个有机的系统整体。这种区分与组合的研制模式也表明了数字图书馆建设是一个综合性的项目，是不能仅靠单一力量来完成的，技术研究也不是它唯一的研究内容，它的研究与众多科学都有着广泛的联系。

（3）构成了三大研究重点

根据研究的重点，国外数字图书馆的研究大致可以分成技术主导型、资源主导型和服务主导型三类。其中，体现了技术主导型研究特点的主要代表是美国国家科学基金会赞助的数字图书馆建设项目；体现了资源主导型研究特点的主要代表是日本的数字图书馆研究，这是因为受到了国会图书馆的影响；体现了服务主导型研究特点的主要代表则是欧洲国家的数字图书馆研究。但是，这些国家和地区大部分都已经突破了数字图书馆研究和建设的实验阶段，研究的中心不再只是宽泛的技术研究，研究目的也不再只是构建数字图书馆的模型，而是要利用多方面的技术构建出具有综合功能的数字图书馆。例如，美国的 DLI-2 强调"以人为中心""以系统为中心"，目的是要充分挖掘数字化信息资源的潜能，构建切实可行的数字图书馆系统，为读者提供更为有效的服务。

（4）发展了较完善的网络基础设施

根据历史发展的经验可以得知，国外是先构建较为完善的电子化图书馆网络，再在其基础上发展出数字图书馆。因此，这些数字图书馆十分依赖网络的信息交流功能，现代计算机技术和网络成为数字图书馆网络建设的技术基础。例如，美国数字图书馆就在网络技术研究上取得了巨大进展，其中于1996年开始实施的第二代互联网计划实现了把各大学和国家实验室的网络速度提高100—1000倍的目标，其中至少有100所大学连接网络的速度是当时互联网速度的100倍，少数机构的网络速度则达到了1000倍。[①]

（5）建立了多样化的运营模式

国外数字图书馆有其独特而多样的运营模式：既有国家、基金会、私人团体投资的运营模式，也有专业机构投资、企业投资的运营模式；既有免费资源存取的运营模式，也有市场化的运营模式。下面对其中三种最为常见的运营模式为例加以分析：

①国家投资的运营模式

由于数字图书馆属于国家信息基础设施，国际上重要的数字图书馆项目都是由政府资助的。国外许多重要的数字图书馆项目都是由国家级资源单位（如国家图书馆）进行组织，将本单位的资源发展为数字式资源库。比如，美国国会图书馆的"美国记忆"项目，美国国会就提供了资金支持；日本国会图书馆牵头的数字图书馆计划，日本国会也进行了适量拨款。

②基金会等机构资助的运营模式

基金会、私人团体的资助也是数字图书馆项目建设资金的重要来源。比如，美国国会图书馆的"美国记忆"项目就有一部分经费是由AT&T电话公司、柯达公司、福特基金会等私人企业、公司、基金会和个人资助的；英国高等教育基金也曾给"电子图书馆"计划投资，并由联合信息系统委员会管理。

③专业机构投资的运营模式

专业机构投资的数字图书馆计划项目往往会对特色专业馆藏进行数字化建设，并采用市场化管理模式。例如，美国计算机协会（ACM）在1996年开始建设数字图书馆，提供ACM期刊和会议论文的全文访问，并采用市场化的运营模式；1998年创立的美国网络图书馆（Net-library）则由企业投

---

① 张睿丽.数字图书馆资源管理与建设[M].长春：吉林人民出版社，2019：24.

资，实行市场化运营模式。

2.国内数字图书馆建设的主要成就

（1）服务模式初步确立

进入 21 世纪之后，中国数字图书馆建设进程不断加快，建设技术也不断提升，在新时期的各数字图书馆系统建设中，对读者的信息活动更加关注，读者服务也逐渐转变为数字图书馆建设的重点。现代的各种数字图书馆建设中都会对读者的信息需求特点进行充分的调研，并在此基础上建设有特色的、有针对性的服务。例如，国家数字图书馆提出了"边建设、边服务"的观点，通过区域全覆盖的方式逐步推广国家数字图书馆服务；国家科学数字图书馆提出了"资源到所、服务到人"的服务理念，在相关科研人员的研究环境中融入数字图书馆的服务理念。在新媒体技术进一步发展之后，国内的许多数字图书馆将其服务范围从互联网逐步拓展到更广阔的移动通信网和广播电视网等网络平台，并由"单屏"逐步转变成"多屏"，许多数字图书馆系统已经开始通过计算机、数字电视、手机、手持阅读器、平板电脑、电子触摸屏等终端推出新媒体服务。经过服务理念和相关技术的推动，数字图书馆读者界面朝着越加友好和方便的方向发展，并且还针对读者群体做了更明确的划分，建立了少年儿童数字图书馆和残疾人数字图书馆等，为特殊人群提供具有针对性的便捷服务。

（2）服务体系初步形成

经过多年的建设，我国数字图书馆在软硬件平台建设、标准规范建设、数字资源建设与数字图书馆服务等多个方面均取得了较快发展，尤其是经过国家数字图书馆工程的建设和数字图书馆推广工程的实施，一个内容丰富、技术先进、覆盖面广、传播快捷的中国数字图书馆服务网络初步形成。

数字图书馆建设过程中不可避免地存在一些差异，基层的数字图书馆与大规模的数字图书馆相比明显存在服务能力不足的问题，为了实现综合发展，缩小发展差异，国家十分重视对全国性文化信息资源共享工程的建设，并通过努力成功建设了覆盖城乡广泛区域的服务网络，同时，进一步地探索了针对基层的科学的、有特点的服务模式。此外，教育部建设了面向高等院校师生的中国高等教育数字图书馆，中国科学院和科技部分别建设了面向科研人员的国家科学数字图书馆和国家科技图书文献中心，全国党校系统和部队系统也建设了各自系统的数字图书馆，这些建设成果表明了中国行业数字图书馆系统已经基本形成，并充分体现了其重点突出、针对性强、特色鲜明和较为完备的特征。另外，数字图书馆建设也被众多地方政府纳入了本地区的公共文化服务体系建设和信息化建设的总体规划中，在地区发展中积极推动建设完善的数字图书馆，并获得了众多优秀的成果。目前，中国已经形成了众多各种级别的数字图书馆，跨越省、市、区，为大众参与数字图书馆阅读提供了多方面的服务。总之，我国已初步形成了以国家数字图书馆为龙头，专业数字图书馆系统为骨干，省、市级数字图书馆为核心节点，公共文化共享工程为服务触角的全国性数字图书馆服务体系。

（3）数字资源初具规模

经过积累和提升，我国数字资源生产、加工、管理水平得到了长足的进步。通过对现代信息处理技术的科学利用，各数字图书馆对数字资源的采集、加工、组织和管理能力获得了大幅度的提升，建设方式也十分多样，包括自主建设、合作建设和引进建设等，此外，还有多种建设途径，包括购买、受缴、受赠、交换、数字化加工、网络资源采集、网络资源导航等。数字资源的规范建设日益发挥着重要的作用，元数据、对象数据的规范和格式均向国际化、标准化靠拢。此外，我国数字图书馆还在遵循需求牵引原则的基础上建设了一批面向社会公众、政府机构工作人员、科研教育人员、企业工作人员、少年儿童、残疾人等各类型读者的数字资源。以行业为标准，不同行业的数字图书馆建设有不同特点的行业数字资源，体现了对其所属学科领域或研究领域的强针对性。以地域为标准，各区域的数字图书馆建设有体现本区域特色的数字资源。各种形式和内容的数字图书馆形成了我国系统化、多样化的数字图书馆体系，聚合了庞大的数字资源，同时，让读者在规模庞大的数字信息中能够较为便捷地查找自己所需的信息。

（4）技术研发初见成效

数字图书馆的发展十分依赖现代高新技术的发展，因此，技术的不断更新研发一直伴随着我国数字图书馆的发展进程，在此过程中，针对中文信息处理的关键技术取得了许多突破性的成就，为我国数字图书馆数字资源制作、管理、组织、存储、访问、服务提供了良好的技术支撑环境。同时，在我国数字图书馆建设过程中，全国图书馆不断加大人才培养力度，极大地推动了我国数字图书馆先进技术的研究与发展。比如，国家数字图书馆已基本建成了面向海量数字资源的文献数字化加工系统、数字资源组织与管理系统、数字资源发布与服务系统、数字资源长期保存系统等核心软件平台；行业数字图书馆系统在数字资源集成服务、数字资源分布式调度等关键技术应用领域开展了有益的探索；区域数字图书馆系统在资源统一发现、读者统一认证等关键技术应用领域也取得了积极进展。

（二）关于数字图书馆建设现状的理性思考

在数字化大背景下，虽然数字图书馆的理论研究取得了较大进展，数字图书馆建设所需的技术条件也逐步成熟，但是随着社会的进步，网络学术资源建设的快速发展，数字图书馆的建设必须要有大数据思维。这要求数字图书馆的建设者们必须清楚地认识到：数字图书馆有别于传统的实体图书馆，是一种数字化的信息体系结构和现代化的服务机制，数字图书馆中的各种信息资源需要经过数字技术进行加工处理才能形成，但在功能特征方面，数字图书馆也具有实体图书馆所具有的信息收集、加工、整理和服务等功能特征。在很长的一段时间内，图书馆体系都是数字图书馆和实体图书馆的结合体，两者相互依存，共同发展。在此基础上，数字图书馆的建设者应从以下几个方面进行深入思考：

1.重视建设的总体规划

自数字图书馆的概念被提出，到各地区、各行业、各高校都纷纷开始建设各种数字图书馆，这一过程其实只经历了很短的时间。但是，因为概念提出后并不是在国家统一规划与协调下进行建设的，短期内相关的法律法法规也难以及时制定和执行，导致各级、各类型单位之间没有形成公认的利益平衡点。同时，有些单位受功利思想的影响，在数字资源建设中仅关注了"量"而忽视了"质"；有些单位则是忽视自身馆藏的特点和实际情况，这就导致他们盲目地建设数字图书馆，频频出现合作建设少、各自为政的现象；各数字图书馆的读者检索界面、检索语言和管理系统等有较大的区别；不同数字图书馆的数据库互不兼容，大量的人力、物力和财力资源浪费在低水平的重复建设上。因此，这些数字图书馆的数字化资源在网络环境中可共享的程度很低，根本谈不上有序地进行组织、协调。这表明，加强数字图书馆建设的宏观调控与管理组织是今后一段时期的工作重点。具体可从三个方面展开：一是组建全国性的宏观管理机构；二是制定一系列适用数字化资源建设的技术标准；三是通过技术与数字资源建设的合作，整合数字图书馆的现有文献、信息资源，将国内的数字图书馆资源打造成一个可共享的整体。

2. 树立高远的建设立意

对于数字图书馆的内涵，很多人将其理解为图书资料的数字化，这种理解是过于简单且片面的，建设数字图书馆这样一个系统性强、涉及面广的工程，不可简要理解为图书资料的扫描工程。实际上，应该将数字图书馆置于信息资源高度膨胀的数字化时代背景下，考虑如何利用最新的数字化技术对印刷版、光盘、网络版等不同载体、不同种类的信息资源进行优化配置，最大限度地发挥不用资源，尤其是数字资源的优势，为读者提供及时、有效的个性化服务。只有这样，才能立意高远，从根本上保证数字图书馆建设的良好发展态势。

3. 考虑资源的寿命、再生性和二次利用率

数字图书馆建设中存在的一个重要问题就是资源内容陈旧，因为大部分资料都有半衰期（表明图书资料的老化程度）。一般来讲，图书的半衰期是 5—10 年，科技期刊的半衰期是 3—5 年，专利、标准按照法定年限确定半衰期，而网络信息则时时更新、日日更新。[①] 过了半衰期之后，资料的使用率就会急剧下降。因此，数字图书馆在建设中一定要充分考虑这个问题，切不可为了方便而片面地追求数量，以致将有限的资金浪费掉。

资源的再生性和二次利用率是检验数字图书馆建设成功与否的关键因素之一。片面追求数量和速度，不考虑资源的再生性和二次利用率，简单地将图书资料扫描，而不进行进一步的加工处理，比如分类、导航等，并不是真正意义上的数字化。因为读者不能对它进行全文检索，不能进行分类检索

---

① 武三林，张玉珠. 山西科技文献共享与服务平台管理及利用机制研究 [M]. 北京：科学技术文献出版社，2015：145.

和导航检索,也不能进行文本摘录,这样的数字图书馆便不能被称为数字图书馆,其应用价值也不高。

4.处理好信息版权问题

版权问题是数字图书馆建设的基础性问题。数字图书馆的建设必须取得出版单位和作者的双重授权,这样才能保证数字图书馆的建设。版权问题是制约数字图书馆发展的最主要问题,数字图书馆建设者必须尊重和保护知识产权,这关系到数字图书馆事业的发展,切不可心存侥幸。

随着计算机技术、自动化技术和网络技术的高速发展,文献资源的格式转换和数字化作品的复制、下载、盗版等变得更加容易,数字化作品的知识产权保护问题比传统纸质文献的更为复杂和突出。世界各国的现行著作权法都对"擅自复制"作了禁止性规定,以保护作者的合法权益,而目前国际上也都比较一致地趋向于将作品数字化界定为复制行为。尽管如此,法律还同时规定了社会公众"合理使用"的权利,图书馆、档案馆以保存为目的地复制,仍适用合理使用原则。显然,未来的数字图书馆将同样面临如何合理地平衡著作权人和公众利益之间关系的难题,既要使资源库的收藏真正达到开放和共享,又要对网络上知识产权的保护给予足够的重视。

在版权方面,可借鉴以往有利经验并开发新途径。首先,在进行数字收藏之前先解决好版权问题,如有版权方面的限制,则将有关说明放在该收藏的索引或检索工具中,在读者检索、使用的过程中随时提醒读者注意。此外,在技术上采取措施,使读者只能浏览,无法下载,或者在该部分信息的首页发出通告。如果原作者认为网站对自己的作品构成了侵权,可通知图书馆将其书从网上下架。最重要的是,各国要尽快修改和调整现行知识产权制度以适应现代信息技术的发展,同时为数字图书馆的建设和发展提供法律保障。

5.提高馆员和读者的素质

目前,一些国家尤其是发展中国家和欠发达国家图书馆馆员队伍的整体现状是专业知识和技能普遍不能适应数字图书馆发展的要求。随着数字图书馆的迅速发展,这些国家的馆员队伍中专业人员与技术人员较少且欠缺工作热情,还有年龄老化等现实问题越来越明显。由于一些国家图书馆的地位历年来都没有得到足够的重视，各大高校中馆员与教师因两极分化严重的处境而受到截然不同的待遇，致使图书馆专业、计算机专业、自动化专业等方面的人才在择业时很少会将图书馆置于优先考虑的范围，这也是一直以来图书馆出现高素质人才难以引进，而另一方面馆内人才又纷纷跳槽的重要原因。因此，这些图书馆要对现有馆员队伍进行系统的、有计划的在职学习和培训，提升馆员的技能水平和职业素养，改变他们知识结构和观念落后的现状，使其迅速适应数学化信息资源服务的要求。

馆员的素质是保证数字图书馆正常发展和运营的重要因素之一，它要求馆员除了掌握传统图书馆学知识和技术外，更要注重对现代化技术的基本理论与实用技能的学习，特别应提高计算机技术及网络的应用水平，以能够胜任数字图书馆的硬件管理和网络维护等工作。由于互联网上存在大量外语信息，所以，图书馆馆员还必须具备一定的外语能力，以完成新时期的网络服务工作。同时，还要通晓知识产权保护和网络安全知识、维护知识。

数字化环境对读者的整体素质也提出了更高的要求。受教育程度高的读者能熟练地通过互联网快速获取自己所需的各种信息，而有些读者由于所受教育的程度有限，离数字图书馆对读者的要求相差较远，不具有敏锐的信息意识，不会运用计算机进行信息检索，所以难以在网络环境下便捷、自如地获取所需信息。可见，这些读者的素质有待提高。数字图书馆提高读者素质的有效措施主要有两点：一是加强读者培训，提高读者获取信息的能力，在对读者需求和实际情况调研的基础上定期开展读者教育和培训；二是为读者介绍数字图书馆的组成及其使用方式等必要知识，向他们介绍新技术，传播信息获取的途径和方法，逐步改变读者获取和利用信息的传统习惯，帮助他们更好地利用数字图书馆。

第二章
基于数字技术的数字图书馆建设

随着时代的发展，人们对阅读方式的追求也在发生着变化，在过去，人们更多的是依靠传统的纸质媒介获取信息，但随着互联网的普及，纸质阅读材料开始被数字化的阅读材料所取代，阅读不再局限于某一固定方式，在物联网技术、云计算技术和大数据技术的支持下，不同地点的人在任何时候都能阅读各个图书馆的数字化资源，这也是数字技术给数字图书馆带来的好处。

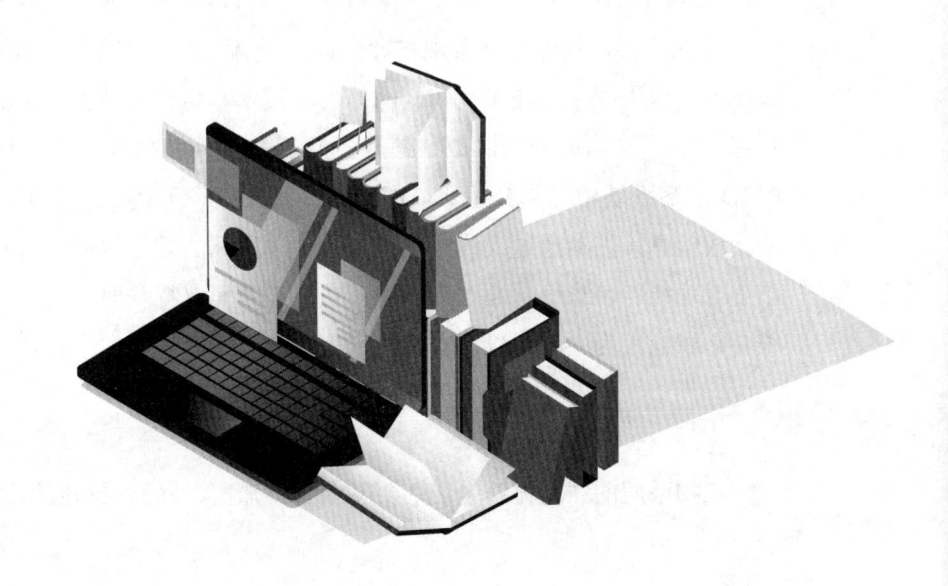

第一节　物联网技术在数字图书馆中的应用

物联网技术在人们的生活中已经发挥了巨大的作用，它深刻地改变了人们的生活方式，对人们生活的方方面面都造成了影响，在图书馆领域也一样。物联网技术改变了人们的阅读方式，让数字图书馆提供的服务越来越多样化、精准化。

一、物联网技术与数字图书馆

（一）物联网技术

物联网的概念最早在 1999 年由美国麻省理工学院自动识别中心的凯文·阿什顿（Kevin Ashton）教授正式提出，在此后的发展中，物联网及其相关技术概念延伸到了人们生活的方方面面，如智慧城市、智慧校园、智慧图书馆的建设都需要物联网技术的帮助。物联网技术基于互联网，利用射频自动识别（RFID，Radio Frequency Identification）、无线数据通信、红外感应、激光扫描等技术，构造了一个覆盖世界的万物相连的互联网，只要与该网络建立连接，物体就能实现彼此之间的交流。传感器技术、RFID 标签系统技术、嵌入式系统技术是物联网的关键技术。传感器技术将传输线路中的模拟信号转变为可处理的数字信号，然后转化为数据并交由计算机处理。RFID 标签系统由三部分组成，即标签、阅读器、天线，该系统先通过阅读器读取信息，然后通过天线实现标签和读取器间的信号传递。嵌入式系统适应于对功能、可靠性、成本、体积、功耗等方面有特殊要求的专用计算机系统，它以应用为中心，以计算机技术为基础。

（二）物联网技术的结构

在物联网的结构体系中，主要包含着感知层、网络层和应用层。

1.感知层

感知层由两种类型的传感器组成：一类是自动感知设备，能够自动感知外部的物理信息，包括 RFID、传感器、智能机器人等；另一类是人工生成信息设备，包括智能手机、平板电脑、计算机等。传感器作为物联网中获得信息的主要设备，为实现智慧图书馆迈出了坚实的一步。

2.网络层

网络层位于物联网三层结构中的中间层，其又可分为核心交换层、汇聚层和接入层。网络层是连接感知层和应用层的纽带，其功能为通过通信网络进行信息传输。网络层由各种不同性质的网络系统共同组成，负责将感知层获取的信息安全可靠地传输到应用层，然后根据不同的应用需求进行信息处理。

3.应用层

应用层由管理服务层和行业应用层两部分组成。其中，管理服务层通过中间软件实现感知硬件和应用软件之间的连接，能够实现海量数据的高效汇聚和存储，通过数据挖掘、智能数据处理计算等为行业应用层提供安全的网络管理和智能服务。行业应用层可为不同行业提供物联网服务，这是直接实现数字图书馆物联网服务的一个层次。

（三）物联网的主要特点

1.全面和主动的感知

物联网能够在感知目的的影响下，实现人与人、人与物、物与物的全面互联。在物联网环境下，人们可以利用射频识别、二维码、传感器等感知、捕获、测量技术，随时随地地主动获取信息、感知物体的存在并通过技术手段获取有关物体的状态、位置等。为了实现对物体状态、位置等信息的获取，人们需要使用各种传感器，用这些传感器获取物理世界的各种信息，再通过局部的无线网络、互联网、移动通信网等各种通信网络传递交互，从而实现全面地、主动地感知世界。

2.可靠的联通与传送

联通是物联网的本质属性,缺乏联通性,也就不能称之为物联网。物联网的"联通性"能够在三个维度上实现,即任意时间的联通性、任意地点的联通性、任意物体的联通性。在各种有线、无线等传输方式的支持下,物联网能将物体的实时信息进行分门别类,再将其准确、可靠、有指向性地传输给信息处理设备与环境。可靠的联通与传递是信息资源交互与共享的基础,不过,物联网需要注意数据传输方式的兼容性,以适应不同的应用需求。

3.智能的分析与处理

物联网本身需要各种各样的传感器来支持数据的采集和处理,每个传感器都有一定的数据采集周期,周期性的数据采集是数据更新的基础。面对采集的海量数据,物联网利用各种大数据分析和云计算技术进行分析与处理,以更加新颖、系统且全面的洞察能力来解决特定的问题,使特定的知识可以有效地应用到特定的行业、特定的场景、特定的解决方案中,从而更好地支持用户的决策和行动,实现智能化的决策和控制。随着物联网应用的发展、终端数量的增长,人们可借助云计算处理海量信息,进行辅助决策。

4.嵌入和灵敏的服务

物联网技术的发展让基于移动通信与互联网的各项服务都有了新的变化,通信或传输不再是单一的业务类型,而是慢慢转变为从感知、传输到处理的一个综合服务。这种综合服务具有嵌入性特征,具体表现在两个方面:一方面,各种各样的物件本身被嵌入人们所生活的环境中;另一方面,由物联网提供的网络服务将被无缝地嵌入人们的日常工作与生活中。这种服务具有灵敏性,物联网应用需要具有常规应用无法比拟的智慧,具有超越人类常规视觉、嗅觉和触觉范围的高灵敏度,以感知规律、进行预判,为人类提供更灵敏、更智能的服务。这也是体现物联网应用价值的关键表现。

（四）物联网技术与数字图书馆的结合

1.物联网与数字图书馆结合模式的可行性

物联网技术应用于数字图书馆首先是一件顺应普通群众需求的好事，随着生活水平不断提高，公众对文化产品和文化服务的需求也在进一步上升，这给数字图书馆带来了良好的发展机遇。加上物联网已经从一个概念转变为实际可操作的技术，建立数字图书馆使人们享受技术便利将成为可能。对图书馆来说，把物联网技术应用在数字图书馆的建设之中能够对提升图书馆的服务能力和服务质量产生较大帮助，这也是数字图书馆与物联网时代接轨必然实现的能力提升；对普通读者来说，他们日益多样化和个性化的需求将在数字图书馆与物联网技术结合后得到更大的满足。概言之，基于物联网技术的数字图书馆服务能够最大限度地满足各方需求，实现各方共同获益。从技术上看，数字图书馆建设无论是从软硬件平台建设、数字资源建设、全媒体应用、新技术支撑，还是标准规范研制等方面都取得了丰硕的建设成果，各方面技术都比较成熟。物联网技术和数字图书馆相结合也已经有过比较成功的案例，如RFID、移动物联网、传感器等技术都正在逐渐渗透到数字图书馆的各种服务中。技术上看，推广基于物联网的数字图书馆服务模式将不会存在较多技术层面上的问题。在经费方面，提供基于物联网的数字图书馆服务，需要建设相关的物联网基础设施，但这些基础设施的建设费用并不低，对一些预算不是很充足的数字图书馆来说，物联网基础设施建设存在一定困难，加上一些数字图书馆的访问量并不是很大，因而建设这些物联网基础设施势必会造成浪费。

2.物联网技术与数字图书馆结合的服务模式

基于对物联网技术在图书馆领域的应用状况分析，加上传统图书馆向数字图书馆过渡的服务模式变化，可以对物联网技术的数字服务模式进行探讨。在以图书馆基础设施为基础的前提下，在传统物联网体系架构的支撑作用下，结合其他与图书馆和物联网有联系的技术，基于物联网技术的数字图书馆服务模式才得以最终形成。它包括用于数字信息采集的感知层、融合管理数字图书馆通信网络的网络层、智能的数字图书馆物联网应用层三个层次。①

在感知层，基于物联网的数字图书馆最基础的层级是对物的感知，在数字图书馆的信息感知与采集感知的作用下，有关系统、读者、图书馆员便能够摆脱时间与空间的限制，只需要利用 RFID（射频识别技术）、蓝牙、Wi-Fi 等技术就能获取信息，实现全天候地获取数字图书馆信息。

在网络层，数字图书馆的通信网络在整个物联网服务体系内实现了融合化管理，通信网络搭建了连接各个资源部分的桥梁，能够将分散在不同物理地点的图书资源通过信息通道连接在一起，实现图书资源的分享与图书信息的高速交互。目前来看，数字图书馆应用物联网技术的网络基础已经形成，无线网络、有线网络已经将各个地理空间位置联系了起来，加上数据和信号处理技术的进步，不同网络的数据均可转换成被各应用系统识别的格式，这样就大大减少了跨平台互通的障碍，能够最大限度实现人与物，甚至物与物之间的顺畅通信。

在应用层，数字图书馆物联网应用根据应用方式和应用领域的差异，可以大致分为三类：第一类是智能化服务，第二类是智能化管理，第三类是智能化监控。其中，智能化服务就是通过各种智能化设备和技术向读者提供智能化知识的服务，因而开展相关活动必须配合使用智能化的服务设备和技术；智能化管理既建立在智能化服务的技术基础上，又结合了各种不同的应用系统，进行智能化管理的前提是通过各种系统收集与图书、读者相关的信息，并将这些信息进行汇总分析，实现对数字图书馆软件、硬件的管理，以便更好地提供服务；智能化监控就是通过各种信息感知手段对数字图书馆的各种资源和设施进行监视、控制，以保证各个部分的稳定运行。

二、物联网技术在数字图书馆中的具体应用

数字图书馆应用物联网技术能够实现图书的推荐，即通过网络渠道和终端设备实现图书信息的网络推送，包括读者的阅读信息推送、图书到期

---

① 谢丰. 基于物联网的数字图书馆服务模式研究 [D]. 中国人民大学软件工程专业硕士学位论文，2012：26-27.

信息推送等。物联网技术在应用于数字图书馆时会使用到多种技术，具体如下：

（一）RFID 技术应用

RFID 技术就是射频识别技术，它是一种通信技术，可以将物品编码采用无线标签方式进行记录和读取，也被认为是物联网建构的基础与核心。[①] 该技术的原理是通过无线电信号识别特定目标并读写相关数据，无须识别系统与特定目标之间建立机械或光学接触，在无人工干预的情况下能够实现高速的数据采集。

RFID 系统由 RFID 电子标签、读写器、天线和 RFID 数据管理系统组成。RFID 电子标签与读写器之间通过耦合元件实现射频信号的空间耦合，并在耦合通道内，根据时序关系，实现能量的传递、数据的交换。天线的作用是在标签和读写器之间传递信号，天线的尺寸一般与传播波的波长保持一致，这样能够保证天线的正常工作。

在数字图书馆中，RFID 电子标签被附在书刊、音像制品等资源上，能够用来识别唯一的电子编码，这样每个物品都成为一个终端结点，经过授权的馆员可根据工作需要对电子标签中记录物品的信息进行增加、删除或修改，如纸质书刊的信息、馆藏地、架位等数据。并且，RFID 系统可以与互联网进行连接，这样使得每个终端结点不但具有信息的感知能力，而且具有信息的处理能力，实现了读者与文献资源、读者与读者、读者与馆员、馆员与文献资源、馆员与馆员、文献资源与文献资源之间的互联互通。利用 RFID 技术管理文献不仅能够节省大量的工作时间，还能使文献长时间保存，主要维护工作集中在对后台管理系统的维护上。

RFID 技术的使用可以极大地推动数字图书馆的建设，如实现图书的自动借还，对提升图书馆的工作效率有很大帮助。有了 RFID 电子标签之后，读者就可以在自助借还系统上实现自助借书、还书。使用 RFID 技术还能够细化文献的馆藏地址，实现文献定位导航。在 RFID 技术的支持下，图书馆

[①] 程远东. 物联网时代 RFID 在数字化图书馆中的应用 [J]. 制造业自动化，2011（9）：130-132.

的服务从柜台式服务转变为了超市化的服务，更好地实现了公共文化服务的普及、均等和无障碍。

图书馆馆员能够通过RFID技术得到关于图书借阅的动态化数据，对这些数据进行分析，可以提升资源使用的效率，从而优化图书馆的借阅方案。换言之，利用RFID技术记录的各项数据，能够分析出读者的偏好，有利于促进数字图书馆资源的合理建设与动态化管理。在RFID技术所收集数据的帮助下，数字图书馆能够分析不同读者、各个时期信息需求的趋势，这为数字图书馆向用户提供高水平、个性化的阅读服务提供了依据。

RFID技术的数字图书馆系统架构由四个部分组成，即RFID标签及数据采集组件、RFID系统硬件、RFID系统应用软件、RFID软件中间件系统。

1. RFID标签及数据采集组件

RFID技术是物联网感知层的核心技术，电子标签、阅读器、RFID的数据传输和处理系统构成了一个基本的RFID系统。RFID技术的电子标签可以分为被动标签和主动标签两种，它是一种带有非常薄的芯片的黏性标贴，能够固定在文献上，虽然它的体积非常小，但是还是拥有1KB的容量，能够进行数万次的读写，一般写入对应图书的ID号码、书名、索书号、所属区域、架位信息、借阅者信息、借阅率、借阅及应还日期及更多其他的内容。不管哪种标签，只要阅读器读取信息并经过相关解码后，就能送到RFID的数据传输和处理系统进行技术处理。RFID阅读器由发射机、接收机、天线和一个译码器构成，用于对标签进行识别和读取。RFID阅读器能够在距离标签数十厘米（不超过45厘米）的范围内工作，能够实现快速读取和批量读取。

2. RFID系统硬件

构建数字图书馆需要使用到RFID系统硬件完善图书馆的管理或服务，这些系统硬件一般有自助借还书机、图书分拣设备、24小时还书设备、移动式盘点设备、RFID监测安全门等。

3. RFID 系统应用软件

RFID 系统应用软件安装在 RFID 系统硬件上，为实现 RFID 系统的数据采集做准备。其主要包括自助借还系统软件、馆员工作站系统软件、24 小时还书分拣系统软件、馆员助理系统软件、OPAC 检索软件等。

4. RFID 软件中间件系统

RFID 软件中间件系统可与图书馆系统后台无缝对接，并为终端设备扩展业务应用，包括馆际互借系统、多图书馆后台系统、图书馆借阅流通系统、自助办证系统、图书预约系统等。

（二）二维码识别技术应用

二维码识别技术是物联网技术的重要组成部分，通过各类设备对二维码承载的数据内容进行识别，再借助互联网将信息传递给应用系统以提供相应的服务。二维码成本低、制作简单，有别于 IC 卡和 RFID 等传统电磁信号的信息载体，二维码对介质要求不严格。二维码本身的抗干扰能力和纠错能力很强，在一定比例的破损状态下，仍然能够读取其中的信息。二维码本身信息容量大，能够呈现多种格式的文件编码。二维码上的信息可自动传递，能够提高信息录入的速度，确保信息的安全。在数字图书馆相关服务中，基于二维码的服务可以为读者身份识别、书目信息识别提供技术支持。

传统的读者身份识别技术往往需要读者携带相应的实体证件进行识别，读者如果未携带证件就很难进行识别，为了提高读者阅读的便捷性，馆员可以将与读者相关的密码、姓名、权限等进行重新编码，生成一个二维码，读者只需要利用携带的手机等设备展示这个二维码就能完成身份认证工作。利用二维码完成身份识别，在保证安全性的同时，还能极大地降低使用成本，并且获取和使用更加便利。

二维码可以为书目信息识别提供便利，无论读者在何处，只要书内印有与书目信息有关的二维码，就可以通过手机等设备识别这些二维码，再通过移动互联网与图书馆建立连接，进入相关书目的检索页面，还可以通过二维码将数字化之后的图书直接推送给用户。

由于目前二维码识别技术已经在智能手机、平板电脑等设备上得到了良好的使用，在识别程序的帮助下，读者便可以随时随地进行操作，不再受到传统图书馆的时间、空间限制。二维码的高识别率也让数字资源的借阅操作变得更加简便，保证了书目查询的准确性。

（三）蓝牙技术应用

蓝牙技术是基于低成本的近距离无线连接，为固定和移动设备建立通信环境的一种特殊的无线连接技术。蓝牙技术将通信技术与计算机技术进一步结合起来，使各种设备在没有电线或电缆相互连接的情况下，也能在近距离范围内实现相互通信。但使用蓝牙技术的最大障碍是相对于其他技术来说它还是过于昂贵，这就使得许多用户不愿意花大价钱来购买这种无线设备。因此，蓝牙技术相对于其他技术来说，目前在数字图书馆建设中应用比较少。

在数字图书馆中，蓝牙主要是为了解决馆内外或校内外大量的便携式电脑、手机等用户随时、随地、随机、随身访问的需求，它需要利用现有图书馆有线网络服务系统，按相隔一定的距离安装BLIP。BLIP是蓝牙接入点基站，或称为接入点服务器，它的一端通过有线网口与原有网络信息服务系统相连，另外一端通过蓝牙无线收发器、蓝牙无线网卡同蓝牙设备相连，从而实现图书馆的信息资源或服务的访问。根据蓝牙技术传输特点、BLIP特性以及周围环境情况进行部署以后，在被蓝牙无线网络覆盖的区域内，读者可以通过支持蓝牙的设备，如笔记本电脑、智能手机等在任何时间查询和接收图书馆的各种信息。

（四）ZigBee技术应用

ZigBee技术是一种适用于短距离通信的技术，特点是功耗低、距离近、较简单、速率低，但网络容量大，每个ZigBee网络能够容纳255个设备。ZigBee技术在自动控制和远程控制领域使用较多，可以嵌入各种设备。虽然ZigBee技术在通信距离上受到较大的限制，但因为有较大的网络容量和简单灵活的节点部署，理论上能够实现网络的无限扩展。最重要的是，ZigBee节点能够连接各种传感和控制设备，因而该技术在远距离身份识别、环境监控和无线网络定位等方面存在比较明显的优势。

在数字图书馆建设中，Zig Bee 技术和 RFID 技术可以结合起来使用，将前者的远程通信能力与后者的近距离身份识别进行组合，可以构建一个稳定、精准的图书馆物联网感知应用系统，实现图书馆各种事物之间的深刻感知、互联互通。在这种组合技术的支持下，图书馆的各种资源，如文献、环境、家具、空间等信息可以进行重新定义、感知和采集，在网络的帮助下实现信息资源、图书馆和用户之间的共享，实现图书馆管理与服务的智慧化。图书馆管理者可以借助这一系统的信息分析，及时、全面地掌握图书馆的情况，更好地提高服务质量。

（五）NFC 技术应用

NFC（Near Field Communication）就是近场通信技术，有着和 RFID 相似的特性，通信距离极短。NFC 与 RFID 不同的一点是，它能够实现双向的识别和连接。NFC 能够在短距离沟通蓝牙设备、Wi-Fi 设备以及其他设备，使其建立一种虚拟连接，完成短距离通信。NFC 短距离交互大大简化了设备之间的整体认证识别过程，电子设备之间的互相访问变得更加直接和安全。NFC 的双向识别和连接，能够让任意两个具有 NFC 功能的设备在没有线缆接入的情况下完成通信，同时满足任意两个设备之间的信息交换、内容访问以及服务交换等工作。

在数字图书馆建设过程中，NFC 技术可以应用在手机读者证、信息推送、数据传输、移动支付等方面。

首先，NFC 技术可以实现去物理化的读者认证，用户只需要拥有一部手机就能完成读者认证，从而方便地进入图书馆，完成借还书操作。

其次，图书馆可以通过 NFC 技术实现信息推送，当读者利用手机靠近图书馆时，就能浏览图书馆的简介、新闻或通知，在靠近相关书籍时，也能获得书籍的内容。例如，2013 年，美国迈阿密广告学院就曾与纽约地铁站合作建立了"地铁电子图书馆"，通过将馆藏图书信息录入 NFC 标签，并粘贴在地铁图书海报上，使读者靠近海报时利用 NFC 读取标签上的图书内容。[1]这为数字图书馆的建设提供了新的思路，通过在公共场合放置带有

---

[1] 刘晓景. 图书馆利用 NFC 技术初探 [J]. 内蒙古科技与经济, 2017（18）: 71-73.

NFC标签的虚拟书架，便能在各个地方"建立"图书馆，人们只要利用带有NFC功能的手机靠近这些书架，就能获得相应的图书索取号、电子图书的下载链接等信息。这样的方式能够最大限度调动人们的阅读热情。利用NFC技术，读者能够获取多样化的信息，不光是图书本身的内容，还包括与图书内容相关的图片、视频、看法等信息。

再次，NFC技术只需要不到0.1秒的时间就能建立与另一设备的链接。这为数据传输带来了极大的便利，对于那些存在阅读障碍的用户来说，使用NFC功能能够将自己想要了解的图书内容传递到自己的手机上，再通过语音等形式了解其中的内容，十分方便。还有，利用NFC可以完成数字资源在不同设备之间传输的特性，用户能够轻易地从电脑上下载图书数据到手机端，如果想要将下载的图书数据进行打印，只要靠近打印机就能将资料传给打印机。可见，NFC技术构建了一种高效的数据传输服务模式。

最后，NFC本身具有移动支付的功能，因而人们也可以利用NFC完成图书的购买。

第二节　云计算技术在数字图书馆中的应用

云计算在人们的生活中已经成为一种流行的词汇，人们也在利用与云计算相关的技术处理着生活中的各种事物。在数字图书馆中，云计算相关技术也有着应用。

一、云计算技术与数字图书馆

云计算与数字图书馆这两个看起来并不相干的概念在信息技术的发展过程中产生了某种联系，这与云计算本身的特性是分不开的。此外，云计算在数字图书馆中的使用与人们对图书馆要求的日益提高也是分不开的，人们希望在数字图书馆中得到更加个性化、多元化和智慧化的服务。

（一）云计算

云计算得益于分布式处理、并行处理与网络技术的发展，或者说是这些计算机科学概念的商业实现。云计算能够将动态伸缩的虚拟化资源通过互联网以服务的形式提供给用户。在本质上，云计算借助用户计算机、移动设备等终端通过远程连接的方式获得存储、计算、数据库等资源。云计算能够通过网络将庞大的计算处理程序自动拆分成若干小的程序，再经过数量庞大的服务器系统计算处理，并将计算的结果传回用户端。在云计算的支持下，网络服务提供商能够拥有在短时间处理庞大信息的能力。云计算最终会实现将运行在个人电脑上或单一服务器上的独立、个人化的运算迁移到数量庞大的服务器云端，以实现云端统一处理用户的各种需求。云计算的核心技术包括虚拟机技术、数据管理技术、数据存储技术、云计算平台管理技术等。

云计算的模式主要有三种，分别是公共云、私有云和混合云。首先，公共云通过网络链接为公众提供开放的计算、数据、存储等服务，由云供应商进行维护和管理，用户只要为其使用的资源付费即可。其次，私有云设置在本机构内部，作为内部提供云服务的设备使用，管理和维护也由机构内部承担。最后，混合云就是将公共云和私有云二者混合在一起使用。一般来说，混合云由企业内部创建，由企业和公共云提供商共同完成维护和管理任务，这样能够有效保证数据的安全。

（二）云计算技术与数字图书馆的结合

云计算在数字图书馆上的运用最早可以追溯到 2000 年，但真正的云计算概念在 2006 年才正式被提出。[1]因而，在论述云计算与数字图书馆的相关内容时，主要基于 2006 年之后的云计算在数字图书馆中的发展。

1. 云计算技术下数字图书馆的逻辑结构

基于云计算的数字图书馆逻辑共有四层，分别为服务层、管理层、虚拟化层、资源层。服务层是云计算数字图书馆逻辑的第一层，能够提供账户

---

[1] 崇阳. 浅谈云计算技术在数字图书馆中的应用[J]. 电子制作，2015（20）：44.

管理、门户管理、部署服务和用户管理等服务；管理层是第二层，能够提供资源管理服务与运行调度功能；虚拟化层是第三层，能够提供硬件虚拟化和数据资源虚拟化；资源层是第四层，由物理服务器、互联网和存储设备组成。[①]

2.云计算技术下数字图书馆的体系架构

基于云计算的数字图书馆平台是一个系统的服务平台。平台通过利用分布式、虚拟化、并行计算等技术扩展硬件设备和软件设施的功能，将异地操作平台不相同的数字图书馆软硬件资源有效结合在一起。基于云计算的数字图书馆可以分为基础设施服务层、平台服务层、应用服务层和云客户端。

首先，基础设施服务层是云计算为数字图书馆提供云服务的基础，它位于整个体系架构的最底层，是经过虚拟化技术处理后的硬件资源和相关管理功能的融合。一方面，它可以通过对主机、存储设备、网络等硬件设备进行分布式集群、抽象化和虚拟化处理，实现各硬件设备的集群，构成整个云计算与云服务的基础设施，使用户只需发出相关指令就能获得自己想要的"云"硬件资源，而无需关心具体使用的设备是哪一台；另一方面，在基础设施硬件分布式集群、抽象化和虚拟化处理的基础上，基础设施服务层提供各种接口服务功能，为数字图书馆提供动态灵活的基础设施层服务。

其次，平台服务层是数字图书馆云服务体系架构中负责信息资源管理、程序运行管理、读者管理和网络安全管理等工作的层面。其一，信息资源管理能够实现云计算信息资源节点使用的均衡化，同时能够对信息资源节点的故障进行监测，还能起到统计资源使用情况的作用；其二，程序运行管理主要执行读者或应用提交的各项任务；其三，读者管理是建设云计算数字图书馆的一项必不可少的工作，能够实现用户身份识别、管理读者程序、计费管理等；其四，网络安全管理能够通过云计算技术保障相应设备的安全，防止病毒的入侵。

再次，应用服务层位于数字图书馆云计算服务体系架构的核心，能够

---

① 孙仙阁.数字图书馆的发展研究[M].成都：电子科技大学出版社，2016：79.

为数字图书馆提供所需的应用软件和服务。数字图书馆可根据用户的需求，设计软件或者应用，并通过一定形式提供给与之有合作的图书馆和读者使用，其中包括数字图书馆的核心服务项目，如书刊管理、数字资产管理、公共信息服务查询、全文信息搜索、统一资源搜索、个性化信息服务咨询、专题订阅推送服务、代查代检服务、原文传递服务等。

最后，云客户端位于整个数字图书馆云服务体系架构的最上层，需要与云服务器建立通信，它是用户使用云计算服务的一种现实载体。云客户端的实体包括任何能够访问云服务网络的个人电脑、浏览器等。

3.云计算在数字图书馆中的应用模式

由前文可知，云计算的模式主要有三种，分别是公共云、私有云和混合云。基于上述三种模式，数字图书馆可以开展相应的云计算服务。

（1）私有云模式

如果以整个数字图书馆为单位，私有云则是指仅为单个数字图书馆所服务的云，它为数字图书馆内部人员和其下用户提供服务。若以某数字图书馆为单位，私有云是指图书馆根据自己特定的业务和功能需要，自行开发的云服务，只为本馆与馆内工作人员所服务，不为其他合作馆服务。私有云最大的特点就是部署在图书馆内部，因此其数据安全性、系统可用性和系统扩展性都可由自己控制，灵活性高，维护也方便，但其缺点也很明显，就是投资较大，尤其是一次性的建设投资较大，而且在建设之初需要有较强的技术实力作支撑。

（2）公共云模式

公共云模式是相对私有云模式而言的，它是指在私有云模式的基础上，向私有云之外的人员和其他单位提供的云计算。在数字图书馆中，公共云主要源于两方面：一方面是原来数字图书馆馆内公开的云服务；另一方面是由其他大型专业云计算提供商所提供的云服务，如图书馆所使用的支付接口、云安全接口，以及Google、Amazon、Microsoft等大型企业或机构提供的公共云服务接口等。对于使用者而言，公共云服务模式有着较大的优势，所有的应用程序和服务数据都可以放置在云端，无需使用者投入建设资金。不过，公共云模式本身也存在着一些缺陷，最主要的就是数据不是存储在本地而是存储在云端，因而就有较大的可能造成数据的泄露，各种不确定因素叠加，对数字图书馆的服务也会造成一定的威胁。

（3）混合云模式

混合云模式是私有云模式和公共云模式的一个延伸，是私有云只向外公开其中一部分云服务或者对公共云进行再封装以及功能扩展而来的。相比较而言，混合云的部署方式对提供者的要求更高。

除了以上三种模式，数字图书馆为了实现在更大范围内提供服务，还会采用一种总——分模式，在这种模式下，数字图书馆会设置云计算的总馆和若干分馆。总馆的职能主要是中心节点，是作为云服务提供者的角色出现的，能够为本地数据中心以及其他服务的开展提供计算支撑。分馆直接使用总馆提供的云服务，将自己的业务接入云端即可。在这种总——分结构下，总馆设置的云服务提供了所需的所有业务支持系统和资源服务系统，其他分馆可以利用该系统完成数字资源的整合、组织、关联、可视化等服务。

4.云计算在数字图书馆中的应用策略

信息技术的快速发展为数字图书馆带来了巨大的变革，在一定程度上推动了数字图书馆在管理和服务方面的升级。云计算就和其他技术一样，将给数字图书馆带来某些新的变化。对于数字图书馆与云计算的结合，其实质就是把数字图书馆的目的、管理、业务服务等信息化建设与云计算技术应用相结合，再逐步形成云计算数字图书馆的核心竞争力。数字图书馆在云计算中实现变革的过程是复杂的，可以说与云计算融合的过程就是数字图书馆向第三代互联网演进的过程。数字图书馆应用云计算相关技术只有遵循一定的策略，才能实现云计算技术在数字图书馆中应用的价值。

（1）信息规划策略

数字图书馆应积极关注云计算技术的发展，将最有利于其发展的技术应用到数字图书馆的建设中来；要选择最适合数字图书馆信息化建设的云计算服务提供商，规划设计符合自身需求的云服务。在必要的情况下，数字图书馆应该将云计算集成到现有的管理系统和应用程序中，必须综合分析自身优势和目前发展所遇到的困境，结合云计算技术的功能优势，规划数字图书馆的云计算信息服务发展策略。目前的实际情况是，很多数字图书馆还无法将全部的业务完全依靠云计算来完成，在建设数字图书馆的过程中，就要遵循一个循序渐进的策略，也就是图书馆要根据自身的实际情况来解决相关难题。具体来说，就是要将云计算相关技术使用到适合的领域当中去，如数据清洗、数据挖掘、数据优化等。同时，要为云应用做好服务定位，采取多种形式降低云计算的使用成本。此外，数字图书馆要逐步改变数据利用的方式，通过云虚拟化与整合数据中心，不断提高信息资源的利用率，直到建立完整的数字图书馆内部云计算体系。

（2）资源整合策略

资源整合策略要求在对数字图书馆现有资源的整合集中和标准化过程中，简化数字图书馆已有基础设施的管理程序和管理难度，逐步降低数字图书馆的运营成本。资源的有效整合能够为以后数字图书馆提高基础设施水平、降低运行环境复杂性以及实现资源虚拟化提供支持。通过对现有资源进行整合，将分散的数据资源、计算机资源进行集中，数字图书馆可以建立起一定规模的数据中心。尤其对于数字图书馆联盟来说，通过规划、管理以及标准化等措施，把分散在子图书馆的数据资源进行迁移、整合、集中，可以建立基于云计算的数据中心。在数据集中过程中，不断实施数据和业务的整合，大多数图书馆的数据中心基本能完成自身的标准化，既使原先信息服务得到扩展又能开发、部署和实施新项目，解决原先联盟数据业务分散时期的资源杂乱无序的问题。

数字图书馆通过不断的标准化建设，将形成统一的信息平台、统一的基础数据、统一的信息服务规范，这样数字图书馆的资源和服务进行了整合和统一，使消灭信息孤岛成为可能。

（3）安全策略

信息安全问题是云计算数字图书馆面临的重要问题，信息的安全性和私密性是用户最为关心的事情。云计算意味着把数字图书馆中的客户信息这类具有很高价值的数据存放到云计算服务提供商的手中，对于严重依赖于云计算的个人或数字图书馆，一旦服务提供商出现安全问题，就很有可能造成用户的数据丢失，再也找不回来。因此，提高云计算的可靠性与信息安全性，是建设云计算数字图书馆的过程中不可忽视的问题。

针对日益严峻的安全形势，可以建立全国数字图书馆云安全管理中心,也可以依靠数字图书馆的本地服务平台以及云服务联盟平台,建立各地区以及省级中心图书馆云安全中心,或者直接利用云安全公司的云安全产品,并综合利用其他相关安全产品,形成一个立体的安全防护体系。依靠这种方式,用户只需和数字图书馆的云服务器进行短暂连接就可以判定文件的安全性,大大减轻了客户端系统的负担,保证了客户端的流畅,也提高了客户端的杀毒防毒能力;同时,结合其他安全产品,如防火墙、入侵检测等,构建一个完整、快速的防护体系,就能够有效降低云计算数字图书馆的安全风险。

5. 数字图书馆应用云计算技术的前景

云计算技术将为数字图书馆的发展带来以下推动作用:

(1) 数据长期保存

网络时代,数字资源日新月异,每天产生的数字资源都极为庞大,要想使用数字图书馆实体的服务器存储如此多的信息显然是不可能的,因此,就必须使用虚拟化的"云"来进行数据的存储和共享,并做到随时扩充容量以满足需求。"云"让部署新的存储容量和服务变得更加简单,并方便了管理者对数据的管理。在方便扩充的基础上,云计算实现了数字图书馆数字资源的长期保存。

(2) 数据挖掘和情报分析

云计算能够为数据挖掘和情报分析提供便利,馆员通过云计算相关技术在多服务器上实现数据的密集计算,从而解决高性能计算的问题,推动数据挖掘和知识计算在情报分析研究中的应用。

(3) 满足学科馆员个性化的用户信息环境需求

用户越来越依赖网络化环境,对数字图书馆的生存带来了新的挑战。云计算本身可以将动态化的虚拟化资源通过互联网提供给用户,数字图书馆的馆员则能在网络平台上利用虚拟机的各种特性(封装特性、隔离特性等),以多种形式灵活地构建个性化的用户信息环境。在基于云计算的用户信息环境中,数字图书馆的相应馆员只需要关注自己的业务相关数据,并运行虚拟服务环境,不再需要在其他工作上浪费太多时间。对那些基础设施并不完善的数字图书馆来说,这样的云计算服务能够极大地提高服务质量。

6.云计算技术在数字图书馆应用中存在的问题

（1）数据存储安全性问题

在数字图书馆中使用云计算技术存在提高效率、降低成本等很多优势，这是不可否认的，但云计算的数据毕竟存储在云端，这对数据的安全性造成了很大的威胁，一旦数据发生泄露，后果将是很可怕的。数字图书馆存储在云端的数据有的是静态的、有的是动态的，涉及用户隐私的数据一定要采用加密等手段加以保护。

（2）设备兼容性问题

对不同的数字图书馆来说，它们使用的硬件和软件存在一些差别，为了在使用云计算服务时更加便利，馆员就需要对数字图书馆的相关接口软件进行升级，满足不同设备通信协议的要求，做到与云计算服务提供商软件的适配。

（3）知识产权问题

云计算让图书资源的共享变得十分简单，只要支持相应的协议，就能实现各个数字图书馆之间的数字资源传递，但这也带来了一大问题，就是数字图书知识产权的保护问题。一些人利用数字图书馆的资源共享、传递服务，谋取不正当利益，侵犯著作者的权益。关于知识产权的保护，既需要数字图书馆自身重视，也需要提供云计算的相关公司在提供服务时遵守国家的相关法律法规，与数字图书馆一起建立数字资源的相关保护机制。

二、云计算技术在数字图书馆中的具体应用

云计算技术一出现就对图书馆构成了强烈冲击，昭示了图书馆未来发展面临的新挑战或新机遇。随后研究者纷纷开始了对云计算技术的研究，国内图书馆界的研究者开始关注和重视数字图书馆对云计算运用的理论研究与实践应用。

（一）云计算技术在联合编目中的应用

编目工作作为图书馆的一项基础工作，需要按照特定的方法和规则，

对文献信息资源所在地点、学科或主题范围的信息进行著录，然后制成款目并通过分类排序等组织成目录或其他类似检索工具使之有序化，为检索利用文献信息资源提供方便。编目按手段可分为传统的手工编目和网络环境下的计算机编目。手工编目主要是由图书馆编目人员对图书馆采集的实物图书进行分类索引，然后按照一定的编目条例用手刻或打字机进行著录，制成书本式或卡片式目录。图书馆编目开始使用以来，经历了手工编目的漫长历史，对图书馆图书文献的揭示和保存贡献了巨大的力量。但由于是手工操作，技术较为落后，已经不适应时代的发展了，这就催生了云计算技术在图书馆编目中的应用。

云计算技术让图书编目变得更加简单高效，能够完成跨区域的互联，可以实现区域性、全国性甚至世界性的联合编目。云计算技术在图书馆中的使用，使得图书馆编目工作走出了封闭的工作空间，变得更加开放、更加联合，将编目数据进行共享，可以在全国甚至全世界范围内共建联合目录数据库，从而大大减少图书馆人力、物力、财力的投入。例如，美国OCLC图书馆的"OCLC Web级协作管理服务"联合编目系统就是一种云计算模式，全球图书馆都可以利用这一平台进行联合编目、检索、文献定位。

（二）云计算技术在数字图书馆存储中的应用

1. 数字图书馆现有的存储形式

现代社会让人们的生活方式发生了巨大改变，人们每天都要创造不计其数的信息，这对存储这些信息提出了挑战。对数字图书馆来说，它要以文本、图像、音频、视频等信息资源为依托，向用户提供服务，因此就需要存储和处理信息资源。从目前的情况来看，数字图书馆的现有存储设备主要有磁盘阵列RAID（Redundant Array of Inexpensive Disks），它将多个类型、容量和接口一致的专用硬磁盘或普通硬磁盘组合成一个大型的磁盘组，利用个别磁盘提供数据所产生的加成效果来提升整个磁盘系统的效能。这些磁盘阵列存储容量大、数据传输率较快，能够长期保存数据，并且功耗小、成本低和便于维护。目前，数字图书馆的资源存储技术方案主要有三，即直接连接存储、网络附加存储和存储区域网络。首先，直接连接存储只要将存储设备通过 SCSI 接口或光纤通道直接连接到一台计算机上就能使用，但因为磁盘利用率很低，不易扩容，因而只能在小数据流量的小型数字图书馆上使用。其次，网络附加存储通过互联网络将存储设备与数量众多的计算机建立连接，建构了一种以数据为中心的结构，实现了存储设备与服务器的彻底分离，便于集中管理数据，能够降低成本，提高处理能力。但是这一技术方案中单个设备容量存在上限，对网络环境的要求也比较高，只适合同时访问用户数不多的中小型数字图书馆。最后，存储区域网络通过光纤集线器、光纤路由器、光纤交换机等连接设备将磁盘阵列、磁带等存储设备与相关服务器连接起来形成高速专用子网，可实现高速计算机与高速存储设备的高速互联，可实现灵活的存储设备配置要求，还可实现数据快速备份，提高了数据的可靠性和安全性。但是这一技术方案技术门槛高、投入大、兼容性差，在实力较强的大型数字图书馆使用较多。

2.云计算技术支持下的数字图书馆云存储

将数字资源存储在云端，通过相关设备就能实现交互。应用云存储的数字图书馆，因为服务器在同一个云中，所以只要能安装 Linux 系统，就能实现不同介质、容量、品牌、型号的存储设备协同工作。应用云计算的数字图书馆只需要配置必要的终端设备就可接收云存储服务，不需要投入资金建设平台，降低了服务成本，而且能在短时间内投入使用。

对数字图书馆传统存储系统的管理人员来说，以往各种不同的存储设备在界面设计上均存在差别，管理人员需要花费很大的精力去适应这些设备。如果存储资源数据的某个设备出现故障，就极有可能造成其中存储的数据丢失。而在云存储模式下，数字图书馆的云存储服务提供商会定期维护和升级数字图书馆的存储系统，因而管理人员不用再花时间和精力去维护系统。云存储帮助数字图书馆建立统一的管理界面，使得数据管理变得简单且易于操作。

对利用云计算技术进行存储的数字图书馆来说，其数据安全性有保障，极少因为物理破坏或病毒入侵造成数据丢失。在云存储模式下，资源都有备份，从而能够将数据损坏导致无法访问的风险降到极低水平。

世界上很多公司都提供云计算存储服务，像微软、IBM、Google、亚马逊等，这些公司的云计算存储技术的可靠性、扩展性等能够满足数字图书馆信息资源存储的需求。不过，对数字图书馆来说，安全性还是应用云存储最大的顾虑，因为如果将数据放在云存储服务提供商那里，图书馆自己就没法采取措施保护这些资源。如果数字图书馆把所有的资源都托付给云存储提供商管理，一旦"云"出现问题，就会造成资源丢失、数据被篡改等，那这些损失很可能无法弥补。针对这种情况，数字图书馆可采取多样化的存储策略，如数字图书馆应该将自建的特色资源存储在自己的存储器上，自行保存和管理。此外，还有一些用户在访问数字图书馆信息资源时所产生的统计数据和用户信息，这类信息在数字图书馆进行用户分析、管理决策等方面发挥着重要作用，因而存储这些数据就要求具有很高的安全性，不能将其存放在云存储设备上，应放在图书馆自己的存储器上。

（三）云计算技术在数字图书馆信息资源服务中的应用

传统数字图书馆信息服务模式有镜像模式和远程包库模式两种。首先，镜像模式就是数字图书馆购买相应的数据库后，在数字图书馆服务器和存储设备上，建立内部镜像站点，限机构 IP 范围内使用。数据可通过互联网或卫星每日、每周或每月更新，也可以通过光盘每月更新。其次，远程包库模式就是数字图书馆与数据库商按年订购数据库资源，包库的数据库不占用数字图书馆硬件的存储空间，也不需要专门的技术人员对其进行维护，这在一定程度上降低了数字图书馆的数据使用成本。在这种模式下，数据库公司设置相应的服务器，通过用户 IP 地址或账号进行访问控制，按用户地域或服务均衡智能化、透明地提供文献服务，相当于云模式信息资源服务的初级状态。

但真正基于云计算的数字图书馆信息资源服务模式与上面两种又存在较大差别。云模式下数字图书馆的信息资源存储在云端，出版社、机构资源库、个人作者等都是信息资源的提供者，都是"云"的建设者。云模式下的数字图书馆能够实现从出版社、作者个人处直接购买版权，或者将网络资源进行整合，形成种类丰富的云资源。在合理分类的前提下，数字图书馆的云资源就能实现良好的管理、访问与使用。在云计算技术的支持下，数字图书馆必须改变传统的以资源、技术为中心的模式，向以服务、用户为中心的模式转变。在云计算技术的支持下，数字图书馆管理员不再需要对服务器、存储器等硬件和软件进行维护，也无需担心图书馆的信息资源遭到破坏，他们将有更多的精力投入用户服务。

云计算的出现很好地实现了数字图书馆的建设，它让数字图书馆变得更加符合人们对阅读的需求，在各种不同的情况下，舒适的阅读不再是一件遥不可及的事情。总的来说，云计算必将改变数字图书馆的管理模式、服务模式和功能定位。

第一，"云存储"降低了数字图书馆的管理成本。这是因为云计算简化了网络信息技术的使用门槛，使得网络信息技术使用更方便、快捷，不受地域和时间的限制。图书馆内大量的电子资源，不论是自建的，还是购买的，都可以存储在"云"上，而不再需要"镜像"在本地存储设备上。"云存储"化解了电子资源数据剧增与存储空间不足的矛盾，化解了知识信息剧增与图书馆馆藏能力有限的矛盾，提高了电子资源的利用率。构建标准化、低成本的"云存储"，有利于实现资源的共建、共享。

第二，云计算加快了资源整合进程。在整合思想的影响下，云计算技术利用各种软硬件能力，实现数字图书馆中各种资源在云端的整合，这样就为数字图书馆信息共享空间的搭建创造了良好的条件，能够让读者享受到更全面、更专业的数字图书馆云服务。

第三，云计算促成了数字图书馆服务角色的转变。云计算的价值体现在其技术应用理念方面，数字图书馆可以应用云计算技术对数字化资源进行存贮、管理，并供读者网络化利用，但这并不是最重要的，最重要之处在于云计算可能会改变数字资源出版、发行、利用方面的模式，可能会使图书馆编目与图书剔旧功能弱化，数字书籍的版权问题将成为数字图书馆关注的重点问题。

第四，云计算促进"泛在图书馆"服务的实现。数字图书馆为"泛在图书馆"的实现提供了基本条件，云计算的加入让这种"泛在图书馆"变得最有前景。图书馆的"泛在"指未来图书馆服务的便捷性和广泛性，云计算为这种新的图书馆形式奠定了技术基础。在云计算技术的支持下，人们可以实现在任何地域、任何时间，利用任何联网设备访问数字图书馆，实现阅读信息的随时获取。

第三节　大数据技术在数字图书馆中的应用

大数据技术已经在人们的生活中发挥了重要的作用，它深刻影响着人们的生活，在各个领域都能看到用大数据技术解决实际问题的例子。对数字图书馆建设来说，大数据技术的应用也起到了推波助澜的作用，它让数字图书馆变得更加智慧化，更加符合人们对数字图书馆的内容要求。因此，将大数据技术应用于数字图书馆建设已经成为一个必然的选择。

一、大数据技术与数字图书馆

（一）大数据技术

大数据是在云计算、物联网之后融合应用信息技术的又一关注点，它是一个正在发展的概念，对其的定义仍然不明确。要理解大数据的概念，就要找准它的特点。大数据有着数据量庞大、数据处理速度快、数据种类丰富、价值密度低等特点，呈现出规模性、多样性、高速性的特征。[1] 简单来说，大数据是一种规模庞大、难以采用简单分析工具对其进行分析的数据集合，它在存储、管理、分析方面同样存在难度。既然大数据难以存储，那么就能理解大数据技术不仅仅是一种数据存储的方式，更重要的是要获取和应用数据，它是一种从不同性质数据中快速挖掘有用信息的一门综合技术。在信息技术的发展过程中，信息数据越来越多，数据量呈现几何式增长，因而大数据技术关注的重点主要放在数据的获取和应用上是很合理的。关于大数据，有着多项关键技术，如大数据采集、遗传算法、神经网络、大数据挖掘、数据集成、大数据存储、机器学习、分布式数据库、大数据分析、可视

---

[1] 隋春荣，刘华卿. 图书馆信息平台的理论基础与技术开发 [M]. 成都：电子科技大学出版社，2017：145.

化技术、大数据展示等,它们都直接或间接影响着大数据处理的结果,对大数据应用产生极大的影响,其中大数据采集、大数据存储、大数据挖掘、大数据分析、大数据展示等又是大数据处理的核心技术。

(二)大数据技术与数字图书馆的结合

在大数据时代这个大环境中,图书馆作为数据资源的聚集地,也无一例外地要迎接大数据所带来的各种挑战,不断地以大数据思维和大数据技术变革自身,促进数字图书馆数据资源的开放共享和深度挖掘。目前,我国图书馆界的研究者已对将大数据技术运用于数字图书馆进行了比较全面深入的理论研究与实践应用,取得了大量价值较高的研究成果和实践经验。[①]

信息技术的快速发展促进了读者需求的转变,图书馆也进入了大数据时代。大数据技术的发展为数字图书馆管理与服务提供了机遇。大数据技术可以在数字图书馆资源管理、建设、服务等方面发挥重要的作用。一般来说,大数据主要作用于数字图书馆的数据采集、数据存储、数据处理和数据应用等方面,如图 2-1 所示。

数据采集	数据存储	数据处理	数据应用
文章、著作、社会网络,结构化、半结构化、非结构化数据	云计算、关系型数据库技术、Hadoop、MapReduce、NOSQL	数据清洗、抽取、集成、数据组织、数据备份	资源发现、个性化服务、数据分析挖掘、知识服务智慧服务、可视化服务

图 2-1 基于大数据的数字图书馆结构图

大数据及其相关技术在数字图书馆应用中的意义要从大数据与数字图书馆两个角度来分析。

首先,大数据技术为数字图书馆带来了改变。在数字图书馆中使用大

---

① 王建文. 数字化图书与数字图书馆应用研究[M]. 北京:北京工业大学出版社,2005:6.

数据技术，能够带来的改变主要如下：其一，大数据技术能促进数字图书馆信息资源的有效整合。目前，各个高校的数字化资源都还较为封闭，没有实现完全开放共享，这对资源的利用和建设并没有帮助，大数据技术能够促进数字图书资源的有效整合，并实现高校间的资源共享；其二，大数据技术的应用能够帮助数字图书馆提升信息服务的水平，这是由与大数据相关的数据处理技术的发展实现的；其三，大数据技术在数字图书馆中的应用能让数字图书馆的服务模式发生相应的变化，大数据技术逐渐形成了针对学科范畴的学科服务模式，在一定的标准前提下，对信息进行采集，然后将处理后的信息提供给需要的用户，以实现现代人对数字图书馆图书信息及其他资源获取的需求。

其次，数字图书馆自身有使用大数据及其相关技术的责任。随着大数据时代的来临，数字图书馆的服务形式也在发生着变化，人们能够依靠自己掌握的资源访问技术和技巧完成资料的查找，无需图书馆员的帮助。但是在没有对数据资料进行加工之前，这些资料本身的价值不高，因此需要数字图书馆引入大数据相关技术对数字资源进行预先处理，以便用户在查找时能够获得有高价值量的数据资料。

二、大数据技术在数字图书馆中的具体应用

（一）大数据技术在数字图书馆管理与服务中的应用

1.大数据技术在数字图书馆管理与服务内容中的应用

（1）数字资源

资源是管理与服务的基础，没有数字图书资源，大数据技术在图书馆中的管理与服务也就无从谈起。大数据时代的信息资源特征决定了信息获取的方式，数据挖掘变成一种家常便饭的事。在大数据时代，数字图书资源主要通过数字化馆藏资源、网络资源下载、购入电子资源和用户资源收集的方式获得。

（2）资源存储

大量的数据以及这些数据的多样化结构是需要大数据技术梳理的，利用

Map Reduce 技术、Hadoop 技术、NO-SQL 技术等，可以有效实现资源的处理和存储。

（3）资源管理

数字图书馆的数字信息资源数量多、结构复杂，需要进行有效管理。大数据技术能够对海量数据进行有效分类，一般将其分为非结构化数据、半结构化数据、结构化数据。对其中的非结构化数据，先进行流处理，再放入并行数据库或关联数据库中；对其中的半结构化数据，一部分进行流处理，另一部分直接放入并行数据库或关联数据库中；对其中的结构化数据，直接放入并行数据库或关联数据库中，并行数据库或关联数据库中的数据经过批处理之后就能实现数据应用。

2.大数据技术在数字图书馆管理与服务模式中的应用

大数据技术推动着数字图书馆的发展，一方面体现为信息资源量的增加，另一方面便是服务模式的变化。在大数据技术的支持下，数字图书馆的管理与服务模式已经向着整合式管理与服务、学科化资源管理与服务、信息可视化管理与服务、智慧化管理与服务这几个模式方向发展。

（1）整合式管理与服务

大数据化是当代信息资源的一大特征，图书馆想要对资源进行采集需要耗费很多的时间与精力。数字图书馆有着种类丰富的资源，包括书目数据库、电子期刊、电子图书、在线出版物、虚拟馆藏资源，以及其他网络信息资源等，对这些资源的整合是一个大问题。但是在大数据技术面前，这些数据的提取、分析、分类处理就显得比较轻松，经过大数据分析的这些数据能够实现统一规范下的显示，在结构上实现不同数据的整合。在数字图书馆中，大数据技术通过对不同来源、结构、种类的信息进行高效的采集、分析和处理，实现数据信息的整合、存储与应用，在这个过程中，经过大数据技术的筛选，一部分重复的、错误的、不完整的数据就会被剔除掉，只留下完整、准确的数据。用户只需要使用智能检索方法就能获得整合式的管理与服务。

（2）学科化资源管理与服务

数字图书馆应用大数据技术进行学科资源管理与服务，即针对不同的服务对象，根据不同的领域或研究层次，利用大数据技术对资源进行采集、分析与处理，将处理后的知识按照不同的学科门类进行归类，然后提供给目标用户。这是一种创新的数字图书馆服务模式，能够实现为用户提供个性化、精准化（学科化）的信息资源。

利用大数据技术实现的面向学科的信息化服务是通过对海量用户检索、浏览、下载等信息的分析实现的。在对这些信息进行分析的过程中，大数据技术能够了解用户在什么时间段比较关注哪个学科的信息，利用智能化分析的方法预先分析出相应学科的研究热点，以及学科之间的研究关联。各种大数据技术的应用让学科化资源管理与服务成为可能，作为一项具有良好前景的服务模式，在未来人们将会看到越来越多应用这种模式来提高服务效率的数字图书馆。

（3）信息可视化管理与服务

大数据技术的一项优势就在于它能够将抽象的数据具象化，实现在人眼前的直观呈现。可视化的信息呈现方式是人们获取信息要求提高的表现。人们都希望在获取信息时能够做到尽量快速，信息可视化就能满足人们的这一愿望，它让人们需要的信息更为直观。鉴于此，数字图书馆的信息服务也应该实现可视化。数字图书馆应利用大数据技术提供可视化的信息服务，让用户在使用的效率上获得新的体验，从而提升用户的满意度。在数字图书馆中，可供可视化的数据包括检索主题、数据库分布，在大数据技术的支持下，配合其他数据提取方法，就能形成有关数字图书馆学科的知识地图，各种创作关系、知识结构都能一目了然。大数据技术为可视化的数据呈现提供了强大的技术支持，在大数据技术的支持下，用户可以在可视化的数据中分析出与之有关的潜在规律，便利了用户获取、分析、处理和使用数据。数字图书馆利用大数据技术呈现可视化的信息是未来发展的一大趋势。

（4）智慧化管理与服务

在浩瀚的数字信息中，人们总是希望能够以最快的速度获取想要的信息，在数字图书馆提供的服务上也是如此。智慧化的信息获取在过去对数字图书馆来说或许是一个难题，但是在大数据技术的支持下，这一难题迎刃而解。大数据技术的使用能够让数字图书馆在整合、处理数据的过程之中发现用户的潜在需求，然后针对性地将这些潜在需求作为提供信息服务的依据，以实现智慧化的服务。数字图书馆智慧化服务相较于基础的检索、查询、传递等服务来说更加高级，而这需要依靠大数据技术来实现。

（二）大数据挖掘技术在数字图书馆中的应用

1.数据挖掘对数字图书馆的意义

数据挖掘就是从数量庞大的、不完全的、模糊的或者随机的一堆数据中识别出潜在的、新颖的、有价值的数据，并最终以可理解的方式提供给用户。数据挖掘可以通过关联分析、聚类分析、时序分析等各种算法发现一些无法通过观察图表得出的深层次联系，并为此采取有针对性的管理措施。数据挖掘是大数据技术的重要组成部分，通过这一技术，数字图书馆可以从海量的数据中提取到读者的特征分类、需求偏好、借阅行为等知识或规律。数字图书馆一方面可以将这些知识和规律作为提供服务的依据，另一方面能将其用来优化馆藏、推荐图书等。数据挖掘是在庞大数据集中发现模式，并将它转化为有效信息的过程。在特定算法的支持下进行统计分析，从庞大的数据中提取有用信息，借助数据存储、高速计算、可视化等其他技术的帮助，挖掘出的数据将变得简单易读。在数字图书馆中，数据挖掘依托数字图书馆的大数据，一是依托数字图书馆应用的系统数据和日志数据，二是依托数字图书馆本身的数据，以便在其中发现有价值的数据，为读者提供个性化的服务。

2.数据挖掘解决的问题

（1）分类问题

要实现采用大数据挖掘技术对图书馆数据进行挖掘，需要创建模型来对数据集进行学习，并建立分类模型，然后再使用分类模型对训练数据和新的数据进行分类。大数据挖掘的分类技术在诸多领域都有使用，如在数字图书馆的管理中，该技术可以针对读者的不同喜好、职业特点将读者分为不同的类别，能够帮助数字图书馆找出不同类型读者的特征，并可以进一步了解这些读者的分布特征。

（2）聚类问题

聚类问题主要解决的是将一群对象划分为若干组的问题，其核心在于划分的依据。聚类的方法各异,其中基于对象间距离的长短来划分的方法最为流行,谁的距离短,就将其划分在同一类当中。分类问题和聚类问题存在本质区别,主要表现在分类问题可以预测未知对象属于哪一类,但聚类问题则是根据选定的指标,对一群对象进行划分,划分的标准显得很重要。

(3)预测问题

数据挖掘中的预测问题通过对历史数据进行统计和学习得到预测模型,依照这个模型对未来的数据输入、输出进行预测。预测问题多采用统计学技术解决。

(4)关联问题

在数字图书馆中,关联分析通过对读者借阅图书的种类之间的相关性进行数据挖掘,来分析借阅时间、借阅数量,并挖掘其中的关联性,以便更好地为读者提供服务。

在数字图书馆中,数据挖掘要从现有的信息中提取数据的模型和模式,精选出其中最重要的信息,找出数据变量之间的关系。这与大数据的发展关系密切,只有进行数据挖掘,才能更好地体现各种数据和变量之间的相互关系。

3.数字图书馆大数据挖掘流程

(1)理解需求

任何一个领域的数据量都是庞大的,大部分数据挖掘都需要有一个明确的目标、明确的需求。数字图书馆的大数据挖掘也一样,需要先确立一个明确的目的,然后理解业务需求,建立大数据挖掘的初步方案。

(2)理解数据

在需求明确后,如果现有的数据无法满足需求,那么就要进一步收集数据。在这种情况下,数据收集者必须理解数据的抽样过程对取样分布的影响,确保评估模型环节用于训练和检验模型的数据来自同一个分布,以便探测数据的意义,最后分析数据中潜在的信息和知识,提出拟用数据验证假设。

(3)数据准备

数据准备分为前期数据准备和预处理数据两个阶段。在前期的数据准备阶段，一般要对数据进行组合或交换，将数据挖掘的工具软件、要求格式和内容范围先建立起来，如共享数据中心的建立。在预处理数据阶段，要对数据进行数据归约，包括维度归约、值归约和案例归约等。

（4）建立模型

在数字图书馆大数据挖掘中，建立挖掘模型的工作显得十分重要。因此，在建立模型阶段，工作人员就要选择合适的建模方法，可以按照需求、所采用的数据挖掘工具、实际数据情况等来判断使用哪种方法。建模方法的使用也不一定完全单一，可以选择多种建模方法，并将模型参数进行优化。在选择时，工作人员可优先选择提升度和置信度高，易于总结业务政策和建议的大数据挖掘技术方法，接着比较不同的模型，找出最优模型。

（5）模型发布

建立模型本身不是数据挖掘的主要目的，虽然模型让数据背后隐藏的信息和知识被挖掘出来，但大数据挖掘的根本目标是提高数字图书馆的运营效率。在数字图书馆应用大数据挖掘技术，最终要实现管理和服务水平的提升。数字图书馆可以在其门户网站上集成数据挖掘的成果，再根据挖掘内容提供相应的实时或定期挖掘成果信息，以此为读者提供更好的服务，提高数字图书馆的服务质量。

（三）其他大数据技术在数字图书馆中的应用

1. 全息存储技术在数字图书馆中的应用

大数据本身不是一种技术，与大数据相关的采集、分析、存储、检索等相关技术共同组成了大数据技术，其中，存储方式的选择是解决存储问题的基础。全息存储技术是大数据技术的一种，它是一种新型的大容量信息存储技术，利用激光干涉方法将数据信息以全息照相方式存储在感光介质上。全息存储技术利用联想的功能将信息存储和处理相结合，使得存储的数据容量变得很大，利用一颗很小的芯片就能存储 TB 级别的数据。因为全息存储技术的成本不断降低，存储容量大、读写速度快并且易于数据的长期保存，所以，它在数据量庞大的数字图书馆中应用非常合适。

2. Hadoop 在数字图书馆中的非结构化数据分析与决策

Hadoop 是由 Apache 开发的一个可靠的、可扩展的分布式计算的开源软件，主要是针对大规模分布式数据而开发的软件框架，目前已经成为企业管理大数据的基础支撑技术。Hadoop 是解决企业数据中心大数据存储、大规模数据计算、快速数据分析的优秀基础数据平台。在 Apache Hadoop 软件库框架中，允许使用简单的编程模型，允许跨计算机集群分布式处理大型数据集，从单个计算机扩展到数千台计算机，每台计算机都提供本地计算和存储。该库本身不是依靠硬件来提供高可用性，而是通过解决检测和处理应用层的故障，在计算机集群之上提供高可用性服务。该项目包括 Hadoop Common、HDFS、YARN、MapReduce、Hadoop Ozone、Hadoop Submarine 等多个模块。

非结构化数据是数据结构不规则或不完整，没有预定义的数据模型，类型包括所有格式的办公文档、HTML、图像和音频/视频信息等，这些数据不方便用数据库二维逻辑表来表现。数字图书馆的非结构化数据的数据量大，类型多样，数据之间的关系复杂。基于数字图书馆大数据环境以及其中的非结构化数据特点，人们可以利用基于 Hadoop 的非结构化数据处理技术进行数据处理与决策。从结构上看，数字图书馆使用的 Hadoop 包含数据采集、计算、分析、决策四个方面。其中，采集模块能够实现数据的实时采集、动态处理和远程传输，计算模块通过对非结构化数据的快速并行计算，为数字图书馆的数据分析师提供分析依据，使其依照分析结果对数字图书馆做出科学的决策。

在进行非结构化数据分析时，首先应该对数据模型进行统一，这样便于数字图书馆对数据进行识别、处理、存储与读取；其次，数字图书馆必须构建面向非结构化数据的数据管理平台，确保数字图书馆非结构数据管理的安全、便捷；再次，数字图书馆的非结构化数据在数据资源和实践应用方面存在脱节的现象，受到数字图书馆本身资源处理和存储能力的限制而无法实现充分挖掘使用，因而数字图书馆非结构化数据的存储与应用的效率还有待提升；最后，非结构化数据在来源上、存储位置上存在较大差异，很可能被人为篡改，这对数据的可靠性提出了挑战，因而非结构化数据的处理一定要保证数据本身的可靠性。

3.数据可视化技术在数字图书馆中的应用

数据可视化技术能够实现抽象数据的形象呈现，能够让用户理解数据变得更加直观、便捷。数据可视化技术作为大数据相关技术中的一项关键技术，能够在数字图书馆大数据应用中起到很大的作用。数字图书馆通过数据可视化技术将信息呈现给读者，能够最大限度地降低信息检索的成本，提升数字图书馆知识服务的水平。大数据可视化技术在数字图书馆中的应用主要体现在信息资源可视化、信息检索可视化等方面。首先，在信息资源可视化上，数字图书馆的信息资源十分庞大，种类繁多，对这些数据信息的呈现方式的选择将在很大程度上影响数字图书馆给用户带来的使用体验。其次，在信息检索的可视化上，由于数字图书馆信息量大，因此图书馆需要使用更加直观的方法将检索的结果呈现出来，这样有利于提高检索的效率。

数字图书馆中数据可视化存在相应的要点和难点。首先，数据可视化对数据处理速度的要求较高，但目前很多图书馆在数据处理能力方面还存在短板，要在数字图书馆中有效使用可视化技术，就应该做到对大数据集的有效处理，采用必要的云计算手段或其他手段对数据进行快速处理，以实现及时的数据可视化呈现。其次，要完善数据可视化的评价体系，建立相应的数据可视化评价标准，用来评价数字图书馆数据可视化技术的性能。对数据可视化性能的评价也是对数字图书馆应用大数据技术的效果评价，能够很好地反映数字图书馆在大数据使用方面取得的成效以及存在的不足。此外，数据可视化还应该与其他形式的信息呈现方式结合起来使用，在不影响用户获取信息检索结果速度的情况下，可以将各种视觉、听觉手段应用在数据呈现中，进一步增强用户对数据的感知。

无论是物联网技术、云计算技术还是大数据的相关技术，它们都给新时期数字图书馆的发展带来了新的技术支持，是数字图书馆走向快速发展的机遇。从数据收集到分析，从数据存储到向用户提供数据，相关技术一直在改变着数字图书馆的管理与服务，也不断满足着人们的需求，相信数字图书馆在未来一定会有更广的发展前景。

第三章
数字图书馆信息资源建设

数字图书馆是利用计算机、互联网、多媒体等,将分布在网上的数字信息资源传递给不同地域的用户,实现跨越时空的信息资源共享的平台,它为推动全民族文化素质的不断提高创造了条件。信息资源是数字图书馆与用户之间交流的桥梁,具有重要作用。因此,本章将对数字图书馆信息资源的建设进行探索。

第一节　数字图书馆信息资源的构成与类型

一、数字图书馆信息资源的构成

数字图书馆是传统数字图书馆与数字资源、现代技术三位一体的有机融合体，是在印刷文献和数字文献双重环境下利用传统方法和现代技术将系统和服务结合起来的一种新型图书馆形态。数字环境下，文献资源已由单一的纸质印刷型文献和少量缩微制品、音像资料发展到多媒体型资源和各种数字化资源并存的新格局。数字图书馆的资源建设也已完全突破了以往传统数字图书馆资源建设的局限，资源采集也由原来的藏书建设发展到文献建设，再发展到信息资源建设。所谓信息资源，指的是被人类开发并组织起来利用的信息的综合。信息资源在学术界的专业定义有两种：广义上指的是人类进行信息活动时各项要素的集合，主要包括信息的本体，还有与之相关的人员、设备、资金等，也就是信息开发利用的全过程；范围更小的定义是文献资源、数据资源等包含了丰富形式和媒介的信息的总和，主要有文字、音像、电子信息、数据库等形式。两相比较，范围更小的信息资源的定义不怎么具备系统性，也就难以体现信息对象与信息技术、人员之间存在的关系以及信息资源能够发挥的作用。故而，数字图书馆的信息资源还是要从更广泛的角度理解。换句话说，数字图书馆信息资源管理的内容包括其所拥有的现实馆藏资源与虚拟馆藏资源、信息环境以及信息服务的对象三个部分。其中，信息环境是指信息技术、信息政策、组织机构等，信息服务的对象就是数字图书馆的用户。

（一）信息资源

这里的信息资源是指狭义的信息资源，由数字图书馆所珍藏的资源构成，其中又主要包括拥有实体的现实馆藏资源和存在于网络上的虚拟馆藏资源。现实馆藏资源具体来讲就是图书馆能够直接提供给读者的文献资源等，虚拟馆藏资源则是指通过网络向读者展示的文献资源或是通过资源共享、馆际互借等形式间接向读者展示的文献资料和信息等。

管理信息资源是一件复杂的工程，从细处看，这是对整个数字图书馆收集、整理、加工和利用信息的全过程进行管理，从更大的角度看，管理信息资源是在整合信息资源，并对其进行统一调度以及合理的配置，便于更进一步的开发利用，实现资源的共建共享，从而将信息资源的利用效率提升至更高的境界，满足数字图书馆用户对文献资料的需求。

（二）信息环境

信息环境主要包括信息技术、信息政策、组织机构、设施和经费、人力资源五个部分。

1.信息技术

当下，大量用户还停留在传统阶段，用老办法进行文献资料的检索，这就意味着数字图书馆应该以严格的要求对文献著录进行标准化和规范化。例如，馆内按照《中国图书馆图书分类法》或《中国科学院图书馆图书分类法》严格对图书进行分类，避免用户因为文献资料的混乱摆放而难以应用这些资源。不过，随着数字技术的普及，越来越多的人逐渐倾向于利用数字化的信息资源。这一情况要求数字图书馆通过一定的措施自主研发或购买相应的程序，强化自身的数字信息检索能力，如设计自己的检索软件、构建自己的数据库、购买支持技术等，进而提升自己的信息服务能力，更快、更好地满足用户的需求。与之相对应的是，数字图书馆还要增强计算机系统的安全防护，定期维护、更新计算机系统。此外，切忌使用盗版的网络和系统软件，以免因盗版软件的漏洞对数字图书馆计算机系统安全造成威胁，并且，数字图书馆的电子阅览室也需要严格监督，以防止有的用户做出危害计算机系统安全的不合理行为，还要防备来自网络的恶意攻击。

2.信息政策

有关数字图书馆的信息政策，其实就是要求数字图书馆的管理人员在馆内依照一定的章程严格管理图书馆。因为从本质上来看，数字图书馆的管理工作是在国家和地方政府推出的政策法规之下进行的，政策法规是数字图书馆管理的最大依凭，反之则会难以管理。依照政策法规治理数字图书馆的前提是"有法可依"。通常来说，数字图书馆能够依凭的政策法规包括：数字图书馆政策、数字图书馆规章制度等，并且，上述法规之间还存在着千丝万缕的联系。

数字图书馆对于信息的管理中不仅有未来的宏观发展战略，还包括对各类信息规范、信息标准的统一制定和执行的管理。下面，笔者将从五个方面说明制定信息政策时应该遵循的原则：

第一，数字图书馆信息政策必须坚持与数字图书馆事业的性质、方向和发展目标相一致的原则。数字图书馆信息政策的提出、创制与实施，都必须坚持与建设我国文化事业的根本相一致。

第二，数字图书馆信息政策必须坚持数字图书馆事业的发展与国家整个经济、社会发展相协调的原则。数字图书馆事业的发展与整个经济社会的发展是互相制约、互相促进和协调的，这就决定了在制定数字图书馆信息政策时必须坚持从国家的国情出发，从目前的经济与社会发展水平的实际出发，使数字图书馆事业的发展自觉与整个经济社会发展相协调。

第三，数字图书馆信息政策必须坚持从数字图书馆建设和数字图书馆事业发展的客观规律出发的原则。

第四，数字图书馆信息政策必须坚持信息政策系统的统一性和配套原则，这个原则是发挥政策整体功能和整体效应必不可少的重要原则。

第五，数字图书馆信息政策的制定必须坚持具体问题具体分析的原则，即要根据数字图书馆自身的实际情况和用户情况制定信息政策而不能搞一刀切。

3.组织机构

所谓的组织机构，就是数字图书馆以某种模式对系统内部进行管理组织。组织机构能够保障数字图书馆内部管理职能的实现。因此，要想施行科学的管理，首先要建立健全数字图书馆的组织机构，这是数字图书馆管理环节的一大关键。组织机构能不能合理地设置起来，会对数字图书馆信息职能的有效发挥造成直接影响。当拥有了合理的组织机构以后，图书馆系统的各项工作才能获得明确的指示，馆内工作人员才能竭诚合作，才能规范化、有序化地开展各项具体工作；组织机构还有助于使工作更有连贯性，有利于划分好数字图书馆系统内各个部门的工作范围，增进各部门间的合作，使其工作效率大大提升，使数字图书馆的信息职能得到更好的发挥。

目前数字图书馆基本都有一套旧有的组织机构，有必要具体情况具体分析，针对实际，对其重新进行整顿和规划。为了让数字图书馆的各项业务的完成情况达到用户的期待值，其管理人员有必要加快建设行之有效的组织机构和运行机制。

4. 设施和经费

设施和经费主要指数字图书馆的各种具体的物理设施和财务经费，它们是数字图书馆赖以存在的物质基础。物理设施主要是馆舍、书架、电脑、线路、桌椅等，对它们进行管理和维护是数字图书馆对外提供服务的保障。当前，对很多数字图书馆而言，没有足够的经费支撑设备设施的建立与维护以及保证图书馆的正常运转是常见的问题。要摆脱这一困境，除了依靠地方财政的支持，还要求数字图书馆自身建立起经济的、务实的、合理的财务制度，将滥用、乱用经费的现象扼杀，把每一分钱花在刀刃上。

5. 人力资源

对于数字图书馆的人力资源管理，现在各个国家或地区最常使用的就是岗位责任制和目标管理。

岗位责任制，即通过规章制度的形式对图书馆内每位馆员的工作岗位及其应当肩负的责任、需要达到的标准进行明确要求，定期进行考核，以此为依据给予奖励或惩罚。它的核心内容包括了确定每个人的岗位与工作范围；明确划分个人的责任，派发个人的任务；对每一项工作下达明确的指标；设置好每一岗位馆员处理问题的权限；帮助馆员树立职业道德；每一项责任都附带着奖罚分明的规定。

目标管理则属于数字图书馆上下级馆员共同确定的具体绩效目标，管理者会定期验收目标的完成情况，并在此基础上对系统内的工作人员给予奖励或惩罚。本质上，这是在重视结果的思想的影响下，多方共同确立一段时间的总目标，随后又以层级划分、自我控制、自我管理等手段完成这一总目标的管理手段。

培养数字图书馆人力资源的过程就是培养高素质专业人才的过程。这有利于数字图书馆可持续发展目标的进一步实现，是巩固数字图书馆长效发展的基础。具体来讲，在数字图书馆内部坚持"以人为本"的理念，以此推行管理机制，能够为图书馆馆员创设一个自由学习、交流、积累经验和应用知识的良好环境，让他们能够以更积极的面貌应对工作中的挑战，贡献自己的力量。同时，数字图书馆还可以凭借建立完整的奖励机制的形式对馆员进行绩效评估，在对表现出色的馆员进行嘉奖的同时，借此激励其他馆员，形成良性的循环，对其职业生涯产生助推作用。

（三）信息服务和用户

印度著名的数字图书馆学家阮冈纳赞在其"数字图书馆五原则"中明确指出"书是为了用的"。[1]对数字图书馆来说，提供高质量的信息服务虽然是其主要功能，但信息服务和用户管理才是其信息资源管理的核心内容。因此，数字图书馆首先要从针对性和实用性出发，根据用户的不同专业，有侧重地培养和提高用户利用本专业信息的综合能力；其次要加强信息服务研究，建立用户档案，努力开拓用户群，力求使数字图书馆能对用户的特定需求开展有效的服务，在用户心中树立良好的数字图书馆形象。在网络环境下，数字图书馆可以从两个方面加强对用户的教育：一是加强思想政治教育，使用户的信息行为符合法律和道德的要求；二是加强计算机信息检索教育，提高用户从网上获取信息资源的能力。

二、数字图书馆信息资源的类型

数字图书馆信息资源可从多个角度来划分种类。传统习惯上，人们将信息资源划分为纸质资源和电子资源。进入数字时代以后，有学者根据编目学的特点将信息资源划分成了实体信息资源和网络信息资源两大类。

---

[1] 张凤斌，肖荣荣，刘亚丽. 复合图书馆建设研究[M]. 哈尔滨：东北林业大学出版社，2012：42.

（一）实体信息资源

实体信息资源的本质特征就是其信息资源均用一定的物质载体来记录和存储知识信息。这里的实体信息资源包含了大部分的传统文献，传统文献是数字图书馆信息资源中最基本的现实馆藏，是满足用户信息需求的最直接、最基础和最经济的资源。[①]实体信息资源主要有10种：①普通图书，指的是各种印刷类图书，包括单册、多卷本或小册子等；②古籍，指的是书写或印刷于1912年以前，并具有中国古典装订形式的汉字籍本；③金石拓片，指的是利用传统拓印方法将历代金石器物上的图像铭文复制下来的一种历史文献，一般分为拓本和拓片[②]，如金石（含砖、瓦、铁、木、玉等）拓片、双勾本影等；④测绘制图资料，主要包括各种地图（如地形图、普通地理图、自然地图、社会经济地图、环境地图、地图集等）、航空与航海图、天体图、航空摄影图和卫星影像图、地球仪、立体图、鸟瞰图等；⑤乐谱，指的是各种印刷出版的乐谱册；⑥录音资料，主要包括循环录音带、盒式录音带、开盘录音带、唱片及声道胶片等各种录音制品；⑦图示资料，包含幻灯条片、幻灯卷片、幻灯插片、投影片、显微标本片等各种静态放映的投影制品和艺术复制品、闪视片、图表、照片、招贴画、挂图、工程图等各种图卡；⑧连续出版物，指的是各类连续出版物，包括印刷型连续出版物和连续出版的录音资料、影像资料、图示资料等；⑨缩微资料，主要有缩微卷片、缩微平片、缩微卡片、窗孔卡等；⑩计算机文档或电子资源，指的是本地存取的实体计算机文档。在这些信息资源中，传统文献中的纸质文献是伴随着人类文明发展起来的，用户熟悉其格式，对其使用非常熟练，它们是人们获取知识的最佳形式，是不可替代的，也是数字图书馆采集的重点内容。

（二）网络信息资源

网络信息资源是数字化时代的新特征，是数字图书馆信息资源中不可

---

① 方东权主编.数字时代之图书馆[M].北京：线装书局，2007：56.
② 王世伟主编.图书馆古籍整理工作[M].北京：北京图书馆出版社，2000：8.

或缺的重要组成部分。[①]它是以电子数据的形式将文字、图像、声音、动画等存放在光、电、磁等非印刷形式的载体中，并利用网络通信手段通过计算机或信息终端等方式再现出来的信息资源。这类信息资源又可细分为万维网信息资源、FTP 信息资源、Telnet 信息资源、USENET/Newsgroup 信息资源、LISTSERV/Mailing List 信息资源、Gopher 信息资源以及 WAIS 信息资源。

网络信息资源作为数字化、网络化信息的核心和集成，与传统的信息媒体和信息交流渠道相比有很大的不同，有独特之处，有优势也有局限。具体来说，网络信息资源主要有两个特点：一是资源极为丰富，覆盖面广，涵盖了各学科领域，且种类繁多，几乎无所不包；二是超媒体、集成式地提供信息，有文本、图表、图形、图像、声音、动画等各种形式。网络信息资源的优越性主要体现在四个方面：一是价廉，它是一种比印刷品更便宜的信息提供方式，不仅可以低价或免费提供线索和著录信息，还可以提供有关信息的全文和原稿；二是新颖、深入，网络信息资源提供了获取非出版信息的丰富机会，如网上大量的研究报告、调查采访稿、研讨会发言稿、笔记、项目计划报告等，它们反映了许多研究成果背后的原始数据或第一手资料；三是交流广泛而直接，网络信息资源扩大了人际交流的范围，提供了更多的直接交流机会，如参加某些网站的新闻组、讨论组、邮件列表的讨论，或在许多学者、研究人员、咨询专家的个人网页上发现其研究心得、教学演讲用的资料、演示、指南性的工具，这些颇具优点的知识库的参考价值应被重视；四是非正式地和自由地发表，网络信息资源提供了在正式的出版和发表渠道之外的发表个人见解的空间，有较大的自由度，因而为新观点、不成熟的观点、未成定论的理论、假说、概念等提供了发表的园地。不过，网络信息资源也有一些缺点，即信息来源分散、无序，没有统一的管理机构，也没有统一的发布标准，且变化、更迭、新生、消亡等都时有发生，难以控制。

---

① 贺伟，张贺南，宋福兰. 数字图书馆与数字图书馆服务 [M]. 北京：中国戏剧出版社，2012：36.

第二节 数字图书馆信息资源的采集与存储

一、数字图书馆信息资源的采集

（一）数字图书馆信息资源的采集方式

传统的信息资源采集方式一般按是否有资金支付行为分为购入方式和非购入方式两类。购入方式一般包括订购、现购、代购、邮购四种，非购入方式通常有呈缴、调拨、征集、交换和捐赠五种。但是，这两类方式已经无法满足数字信息资源的采集，所以出现了网上采集、资源协调采集等更多方式。同时，传统采集方式在手段上也发生了较大的变化。下面，笔者就当前数字图书馆运用最广泛的三种信息资源采集方式进行分析。

1.订购

数字图书馆采集信息资源最为常见的方式之一就是订购。订购又可以分为现货订购和期货订购。在过去，订购的方式基本是手工完成的，所需数字的填报、邮寄和订单的送达都是人工完成的。现代的订购方式有了很大的变化，主要是技术上一律采用了数字技术，即书商提供国际上通用的 MARC 采访数据，各个图书馆负责筛选采购图书的人员只用核对馆内数据库，经过查重与筛选，而后生成订购文档，再以邮件的形式直接发送给书商即可，接下来就只需等待接收图书资源。整个订购流程变得简单、快捷、高效，也减少了错误的产生。现代技术的进步简化了订购的流程，有以下三大优点：

第一，对订购系统性强的信息资源有很大帮助，尤其是采集那些多卷型的、丛书型的文献；第二，通过数字技术，采集图书资源的人员能够更从容地、有计划地选择各类文献，保障馆内资源品种的多样化；第三，现代采购的形式使得文献资源的来源更为复杂多样，选择也更多，有助于扩充馆内文献资源的信息量。

不过，这一图书馆信息资源采集的方式还是具有一定的限制，主要是有以下两个方面的缺陷：其一，以这种方式预订的文献有时不能保障和实物的一致性，会有误差；其二，以这种方式预订文献，尤其是通过实体书店预订的文献不能快速到馆，往往需要经历多个环节，一些时效性强的文献有可能因此失去价值，降低了文献资料的利用率，造成浪费。

2.现采

图书现采指的是负责采集图书的人员专门到某一图书经营点，如书店、出版社中直接采集图书的形式。目前，图书经营点和传统的相比已经发生了很大的变化，图书市场更为复杂也更为繁荣，加之图书馆进货的渠道更多元，拨给图书馆用于采集的经费持续增加，以及用户对文献的需求复杂化、多变化，图书采集的重心逐渐向现场采购偏移。对于现场采集而言，最大的难点就是对图书的现场查重。过去图书馆的现场查重方式主要如下：①采选人员在记忆中经过比对直接对书目进行查重；②将馆内已有的书目导入U盘，并与图书经营点的书籍进行比对查重；③将馆藏的书目数据直接导入笔记本电脑进行查重。上述查重方式容易出现疏漏，且耗时耗力。因此，在数字技术的发展下，又出现了采集器，这一工具的广泛使用为现场采集文献资源带去了技术支持。数据采集器便于携带，有些像图书馆常用的条码阅读器。这种设备内置激光扫描头，内部储存的空间极大，它能够与电脑彼此通信。数据采集器的软硬件相互独立，能够和图书馆的管理系统完成对接，因此内中的数据能够及时更新，极大保障了查重时的可靠性。现场采集的信息资源相较于其他方式主要有两个好处：一方面能够让专业采选人员直接看到文献，使采集更加精准；另一方面则是能有效缩短文献资料运送到馆的时间，不至于损害时效性强的文献的价值。

3.网上采集

所谓网上采集，指的是通过网络开展文献资源采集业务，主要是在网络书店上进行。该采集方式实现了文献采集的数字化，采选人员先在电脑上浏览书目信息进行选择，又在网页上提交所需文献，最后再以电子化的形式完成书款的结算。作为虚拟的书店，网络书店虽然没有门店，却延伸出了实体门店没有的功能，如文献咨询、智能推荐、网上结算、互动交流等。

相较于传统的采集方式，网络采集有着很高的优越性。这主要体现在以下几个方面：

第一，在网络书店上采集能摆脱实体店的束缚，拥有更大的选择空间。网上采集面对的文献品种的丰富程度是传统书店不能比拟的，目前，在技术手段的支持下，这种采购范围已经扩展到了全世界。这是对传统书店和出版社地理空间局限的消解，能够为数字图书馆提供在全世界范围内自由挑选图书的服务。在这样的采集手段下，数字图书馆能第一时间买到最新的、最全的畅销书，以此吸引更多读者，此外，还有机会采购到已经绝版的珍贵旧书；网络采购的另一个好处就是能够按照专题、作者、出版社、关键词等多种形式对文献进行规模化采购。

第二，网上书店和全国性、地区性出版物信息发布平台的成功开通，极大地弥补了传统印刷型书目的不足，大大地丰富了各类书目的信息源，拓宽了采集渠道，改变了采购的单一模式，使采集手段发生了质的变化。凭借着这些独特的优势，网上采集已成为数字图书馆文献采集的主要方式。但是，网络书目信息源虽然丰富却过于分散，给采选人员的处理和判别带来了诸多麻烦，造成图书的重复购入或低质选入，影响了馆藏的整体质量。

网上采集主要有两种方式：一种方式是像在网上购买其他产品那样，在网上书店的网站上直接选购，选定图书后，点击诸如"放入购物篮"类按钮进行选购，这种方式是针对广大图书购买者来开展的，当数字图书馆只需选购少量或特定的图书时可以采用；另外一种方式是数字图书馆根据大批量采购图书的特点，按照一定的标准列出相关数据，采选人员据此进行网上采集。

（二）数字图书馆信息资源的采集原则

信息资源采集是指图书馆根据用户的需求寻找、选择相关信息并加以聚合和集中的过程。不同的用户对信息的需求是有差别的，这样在采集信息资源时也会有很多不同之处。尽管如此，数字图书馆在信息资源采集过程中，还是需要遵守以下共同原则：

1. 目的性原则

目的性原则又可以理解为"针对性"原则。数字信息数据庞大，内容繁杂，但用户的需求又是一定的，因此要求信息资源采集必须具有明确的目的性。采选人员在信息资源采集过程中应针对信息服务机构本身的特征、服务对象以及信息资源采集的范围，有目的、有重点、有选择地组织和利用价值大、适合主要用户群的信息，做到有的放矢，以最小的代价最大限度地满足用户的信息需求。

2. 主动性原则

信息资源的时效性特点决定了要采集到能够及时反映事物的最新状态的信息，这就要求采选人员在充分了解用户实际信息需求的基础上熟悉信息资源采集的渠道和途径，利用先进的信息资源采集技术和方法建立系统完善的信息资源采集网络，依据不同的对象和条件，有针对性地、积极主动地发现和获取最新信息资源。

3. 连续性原则

从信息资源采集的初始阶段开始，采选人员就需要不断补充新的信息，这种补充不仅要采集过去的信息，还要采集现在的信息，并尽可能地采集反映未来趋势的信息，保持信息资源的连续性。同时，信息资源尤其是网络信息资源更新快、时效性强，决定了信息在传递、增值的过程中，可能呈现新的态势。这就需要不断剔除旧的或老化的信息，甚至重新采集。因此，可以说，信息资源采集是一个连续性的工作。

4. 经济性原则

信息资源采集是一项耗费人力、物力和财力的工作，为了提高信息资源采集的效率，采选人员必然要注意经济性原则，同样的信息如果有多种不同的载体，采选人员就应该注意优先选择较经济的载体。在实施经济性原则时，有两个问题需要特别注意：首先，采选人员在采集信息时要避免信息资源的交叉重复，尤其要考虑到大量电子信息资源内容相同，只是载体、形式有差异，基于此，必须选择合适的信息源和信息资源采集方法与技术。其次，采选人员要充分考虑数字图书馆的实际经济水平，量力而行，避免盲目采集造成资源与资金的浪费，在谋求信息真实性的基础上处理好社会效益与经济效益、整体效益与局部效益的关系。

5. 计划性原则

信息采集既要满足当前需要，也要照顾好未来的发展；既要广辟信息来源，也要做到持之以恒。具体来讲，采选人员要根据数字图书馆的任务、经费的情况制订比较周密、详细的采集计划和规章制度，详细列明有关信息采集的目的、范围、方式，以及人员配置、时间限定、经费数额和来源等情况。

6. 科学性原则

在信息采集过程中，采选人员需要经常采用科学方法研究信息资源的分布规律，选择和确定信息密度大、信息含量多的信息源。例如，数字图书馆在学术网站的选择上就可以利用布拉德福等文献计量学方法，确定一定数量的有学术价值的网站作为信息源，从而进行高效地信息资源采集。

7. 可靠性原则

可靠性原则是指采选人员在进行信息资源采集时要根据用户的实际需求，以采集真实、可靠的信息为准则。采选人员必须坚持调查研究，通过比较、鉴别，采集真实、可靠、准确的信息资源。在这个过程中，不能将个别当作普通，将局部视为全局，而要实事求是，善于去粗取精、去伪存真、由表及里，深入细致地了解各种信息资源的信息含量、实用价值和可靠性。

8. 系统性原则

系统性是指时间上的连续性和空间上的广泛性，即采选人员应尽可能全面地采集符合数字图书馆所需要的信息，注意重点需求信息的连续性和完整性。用户需求的系统性决定了信息资源采集的系统性。信息资源使用对象是由不同年龄结构、文化结构、知识结构的用户组成，他们对资源的需求和使用，在类别和类型上、在时间和水平上、在范围和深度上都有一定的专指性和系统性。也就是说，信息采集要满足各类用户的系统需求，采选人员在信息资源采集过程中应多方位、全面采集信息并始终保持各类信息的合理比例，做好总体规划。

（三）数字图书馆信息资源的采集方法

信息资源采集方法是指根据信息采集计划，广泛开辟信息来源，及时将信息采集到手的基本方法。这种方法有很多，通常可以按以下三种标准来进一步细分：

1. 按信息载体形式划分

按信息载体形式划分，信息资源采集方法可进一步细分为以下八种：

第一种，文件研究法，它是指从各种文件中寻找所需信息资源的方法。

第二种，报刊摘录法，是指通过对报刊进行摘录来获取所需信息资源的方法。

第三种，广播收听法，是指通过收听广播来获得所需信息资源的方法。

第四种，电视收看法，是指通过收看电视来获取所需信息资源的方法。

第五种，电信接收法，是指通过电话和电报来获取所需信息资源的方法。

第六种，电脑展示法，是指通过电脑来获取所需信息资源的方法。

第七种，直接交谈法，是指通过两个及以上人员面对面交谈来获取所需信息资源的方法。

第八种，信件询问法，是指通过信件来往获取所需信息资源的方法。

2. 按信息采集方式划分

按信息采集方式划分，信息资源采集可细分为以下九种方法：

第一种，定向采集法。这是一种在采集计划范围内对某一学科、某一国别、某一特定信息尽可能全面、系统地进行采集的方法。

第二种，定题采集法。它是根据用户指定的范围或需求有针对性地采集信息的方法。这种方法能使用户及时掌握有关信息，针对性强，但较为被动，而且由于题目具体，涉及面既深又专，难度较大，因此一般应用于科研活动。

第三种，现场采集法。参加展览会、展销会、订货会、科技成果展示会、交易会、现场会、参观访问等活动，人们会接触到一些实际的信息，而且这类活动往往有详细的介绍或资料，这是采集信息的好方法。

第四种，社交采集法。其形式多种多样，如旅游、参加舞会、聚会、走亲访友、网络交流等。通过社交活动获取的信息一般都是最新的，而其他途径难以达到这一点。

第五种，主动采集法，是指针对特定需求或是根据采选人员的预测，事先发挥主观能动性，赶在用户提出要求之前就着手采集工作的方法。

第六种，定点采集法，是指聘请专门的信息采选人员定点采集相关信息资源的方法。这种采集方法具有节省费用、采集全面等优点。

第七种，委托采集法。由于时间、精力有限，或是不熟悉信息源，数字图书馆可以委托某一信息机构或信息人员进行采集，并且根据采集的质量来支付一定费用。这种方法需要的经费通常较多。

第八种，跟踪采集法，是指在一段时间内根据需要对有关信息资源（某一课题、某一产品或某一机构的有关信息）进行动态监视和跟踪，及时采集出现的一切新情况、新信息的方法。用这种方法采集的信息连续且及时，有利于用户掌握事件发生及发展的过程，及时了解关心的问题。这对于深入研究跟踪对象很有用处。

第九种，积累采集法。采选人员在平时读书看报时应随时做卡片、剪报、藏书等信息积累，因为这些零星的片段信息在经过一段时间的沉淀后会形成系统的信息财富。

3.按信息采集渠道划分

按信息采集的渠道划分，信息资源采集可细分为以下两种：

第一种，单向采集法。它是指针对特定用户的需求，只通过一条渠道来采集相关信息资源的方法。这种采集方法的针对性强。

第二种，多向采集法。它是指针对特殊用户的特殊要求进行多渠道的信息资源采集的方法。这种采集方法的成功率极高，但是重复的几率也比较高。

（四）数字图书馆信息资源的采集流程

1. 分析采集需求

信息需求是信息资源采集的动力。在信息资源采集中，明确信息需求就是要清楚目标用户为了何种目的需要什么样的信息，具体表现在以下五个方面：

第一，确定目标用户。在不同用户、不同目标的情况下，采集内容存在一定的差别，所以，采选人员在进行采集活动之前必须明确目标用户及他们使用信息的目的。

第二，确定采集信息的内容。了解目标用户及其需求后，采选人员还应该进一步明确采集信息的内容。这是通过与信息资源采集目标和需求具有一定相关性的信息的特征来确定的。

第三，确定采集的范围。数字图书馆信息资源的采集范围主要包括采集信息的时间范围和采集信息的空间范围两方面。其中，时间范围体现了信息的时效性，指信息产生的时间与用户需要信息这一时间之间的相关性，它决定了所需采集信息的时间跨度；空间范围体现了信息的空间分布特性，指信息发生的地点与用户所需要的信息在空间上的相关性，它决定了所需采集的信息的空间范围。

第四，确定采集量。采集工作的人力、时间和费用等都是由采集的信息数量决定的，因此在这个阶段需要有明确的信息资源采集数量。

第五，其他因素。除了上述内容，在需求分析阶段，采选人员还需要根据实际需求确定其他一些因素，如信息环境、信息的可获取性、信息表达的易理解性等。

2. 评价与选择信息源

信息源指的是获取信息的来源，不同的划分标准有不同种类的信息源。例如，图书信息源、期刊信息源、特种文献信息源和非文献信息源等是根据出版形式划分出来的；印刷型信息源、缩微型信息源、机读型信息源和视听信息源等是按照载体形式进行划分的；一次信息源、二次信息源、三次信息源是根据信息源的加工级次与加工方法进行划分的；正式信息源与非正式信息源是根据信息源的组织形式进行划分的；内部信息源和外部信息源是根据信息源的范围进行划分的；公开信息源和秘密信息源是根据信息源的保密性进行划分的。此外，还有其他一些划分标准，如根据信息源的形态、用途、信息源与时间的关系来划分等。

为了有效地选择和利用信息源，采选人员必须对各种信息源的性能、质量进行评价。信息源评价的标准主要根据信息源本身所能提供的信息价值和信息收集的角度两方面进行判定，具体有以下八个指标：

第一，可靠性。信息源的可靠性标准是评价信息源的首要标准。可靠性不仅要考察信息源本身，还要考察其所提供的信息内容。判断指标主要有信息源的公开性和合法性、信息源及其信息内容责任者的权威性、信息源的关联性（被推荐、被引用等）、信息内容的真实可靠性和信息内容的传递效益等。

第二，信息量。信息量包含两方面的内容：一是信息源所含的信息量，如信息源容量大小、信息记录的条数等；二是相对其他信息源，该信息源提供的对用户有用的信息量。

第三，新颖性。信息源的新颖性是指信息源中是否包含新观点、新理论、新技术、新假设、新设计和新工艺等新的内容。此外，信息源是否能经常更新也是判定其是否有新颖性的标准。对用户来说，没有更新的信息源在一定时期后会失去新颖性。

第四，及时性。信息必须在尽可能短的时间内被发布、报道和传递，采选人员可以通过从信息的产生、传播到信息被接收的时差来衡量信息是否及时。

第五，系统性。系统性是指根据信息源所收集的信息是否系统完整，是否连续出版，能否通过信息的累积反映一定时期内事物的变化。

第六，全面性。全面性指的是信息源所含信息的广度和深度，包括信息源所收录信息的主题范围是否集中在更宽的领域，是否包括相关的主题，是否包括多语种、多版本信息等。

第七，易获取性。易获取性是指信息源中提供的信息是否能够被用户获取，以何种方式和途径获取；有无技术要求；提供信息是否有阅读设备要求，是否有获取权限要求，以及能否稳定获取等。

第八，经济性。经济性主要指从信息源中发现信息、提取信息，直至传递和使用信息过程中产生的经济耗费。衡量信息源的经济性主要是以其是否能最低消耗、最小损失、最快速度地获取信息，以及获得的信息是否符合用户需求来判定，即查准率、查全率、用户满意度指标如何。

3.确定采集策略

采集不同的信息资源需要采用不同的信息资源采集策略，具体而言，就是确定信息资源采集的途径、信息资源采集的方法和信息资源采集的技术，并制订采集计划。方法和技术会在其他地方涉及，因而此处只对途径和计划进行分析。根据信息资源采集者与信息源的相互关系，可以将信息资源采集途径分为直接途径和间接途径两种。其中，直接采集是指采集者对信息源中信息的直接获取；间接采集是指借用采集工具，对信息进行间接获取，如搜索引擎技术的使用。信息资源采集计划的制订主要包括信息资源采选人员分工，考虑采集费用、考核条例、时间安排、采集工具的选择、采集方式、采集频率等。信息资源采集计划要留有余地，保持灵活性，以便进行信息资源采集策略的调整，适应不断变化的采集结果，提高采集效率。

4.实施采集工作

信息资源采集计划一旦制订，就要围绕它在一定范围内按照既定内容，采用科学的方法广泛地进行信息搜集。如果在采集过程中遇到事先没预计到的新情况和新问题，要先分析原因，追踪搜集过程，再及时调整计划，以便获得新的、有价值的信息。

5.评价采集效果

完成信息资源采集后，采选人员还要对采集到的信息集合进行及时解释和评价。如果用户对信息资源采集的效果不满意，那么就要依据相关反馈意见进行调整。调整力度可能触及信息资源采集过程的各个环节。

（五）数字图书馆信息资源的采集技术

信息资源采集技术是指能从一定的信息源中检索出所需信息的内容供人们使用的技术。数字图书馆在采集信息资源时所运用的技术主要有以下四种：

1.信息获取技术

信息不仅是单纯的数值、文字、符号、声音、图形和图像等，还是各种形式的信息媒体。这里根据媒体种类，分别从文本、图形与图像、动画与视频、音频的角度对信息的获取技术进行阐述。

（1）文本的获取技术

文本是最简单的数据类型，由于它要求的存储空间比其他数据的更少，所以，它成为人和计算机交互作用的主要形式之一。文本信息的获取就是将其输入计算机，方法有人工输入和自动输入两种。其中，自动输入主要采用光学字符识别技术，即采用光电转换装置将汉字或字符转换成电信号，并输入计算机，再利用计算机自动辨认和阅读信息。

（2）图形与图像的获取技术

图形也称矢量图，如直线、曲线、圆或曲面等几何图形，一般通过人为创作获取。图形文件保存的不是像素的"值"，而是一组描述点、线、面等几何图形的大小、形状、位置、级数及其他属性的指令集合。图形文件的常用格式有PIF、SLD、DRW等。图像是人对视觉感知的物质再现，可以由光学设备获取，也可以人为创作。图像可以记录、保存在纸质媒介、胶片等对光信号敏感的介质上。目前比较流行的图像格式包括光栅图像格式（BMP、GIF、JPEC和PNG等）和矢量图像格式（WMF、SVG等）。图形与图像信息的获取一般可以利用多媒体计算机和扫描仪进行数字化处理后输入计算机存储器。

（3）动画与视频的获取技术

动画指由许多帧静止的画面以一定的速度连续播放，使肉眼因视觉残像产生错觉，从而形成画面活动的作品。视频泛指将一系列的静态影像以电信号方式加以捕捉、记录、处理、存储、传送，最后重现的作品。数字视频的获取需要三个部分的配合：首先，提供模拟视频输出的设备；然后，对模拟视频信号进行采集、量化和编码，这一般都由视频采集卡来完成；最后，由多媒体计算机接收和记录编码后的数字视频数据。

（4）音频的获取技术

音频实际上是一种连续信号，用计算机处理这些信号时，必须对连续信号进行采样和量化。这就要求信息采选人员熟练掌握语音识别技术。这种技术是让机器通过识别和理解，把语音信号转变为相应的文本或命令的技术。一个完整的语音识别系统可大致分为如下三个部分：

第一部分，语音特征提取。这部分的目的是从语音波形中提取出随时间变化的语音特征序列。

第二部分，声学模型与模式匹配（识别算法）。声学模型通常将获取的语音特征通过学习算法产生。这一技术主要是指在识别时将输入的语音特征与声学模型（模式）进行匹配和比较，得到最佳的识别结果。

第三部分，语言模型与语言处理。语言模型包括由识别语音命令构成的语法网络或由统计方法构成的语言模型，语言处理可以进行语法、语义分析。

2. 文本挖掘技术

随着互联网的发展，可获取的大部分信息都是以文本形式存储的，要想从中找到合适的信息，就涉及文本挖掘技术。文本挖掘技术是数据挖掘领域的一个分支，它涵盖了文本分析、模式识别、统计学、数据可视化、数据库技术、机器学习、自然语言处理和人工智能等多个领域。由于文本本身是半结构化或非结构化的，无确定形式并且缺乏机器可理解的语义，所以，文本挖掘的对象以数据库中的结构化数据为主，再利用关系表等存储结构来发现知识。具体来说，文本挖掘包括以下几个重要步骤：

（1）确定文本数据源

这一步要求采选人员先确定文本挖掘的目标、应用范围及领域背景知识等相关数据。

（2）预处理文本数据源

从确定的文本数据源中选取待处理和分析的文本，利用分词技术、文本结构分析技术等抽取出代表文本特征的元数据，如文本的名称、日期、大小、类型、作者、机构、标题和内容等，并存放在文本特征库中。

（3）选择挖掘分析技术

常用的文本挖掘分析技术有文本结构分析、文本摘要、文本分类、文本聚类、文本关联分析、分布分析和趋势预测。其中，文本结构分析主要用于建立文本的逻辑结构；文本摘要是抽取出文本的关键信息，能对文本进行概括和综合；文本分类是将要分类文本的特征项与已有类别的文本特征项进行比较，使其能映射到一个具体类别中；文本聚类是根据文本集合中特征项的相似度分成若干类，并将相似度大的文本尽可能归为一类；文本关联分析是指从文本集合中找出不同特征项之间的关系；分布分析和趋势预测是指通过对文本数据源的分析得到特定数据在某个历史时刻的情况或将来的取值趋势。信息采选人员在了解这些挖掘分析技术后必须对其进行恰当的选择。

（4）优化采来的文本信息

先利用已经定义好的评估指标对获取的知识或模式进行评估，然后根据需要返回前面的步骤进行优化，直到满足要求为止，最后将结果以可视化技术提交给用户。

3.自动分类技术

自动分类技术的研究始于20世纪50年代末，由IBM公司的H.R.卢平开创。自20世纪80年代中期开始，中国的一些大学、图书馆和文献工作单位也开展了档案、文献、图书的辅助或自动分类研究，并陆续研制出一批计算机辅助分类系统和自动分类系统，这些系统主要集中在中文处理领域。

自动分类是指通过抽取信息的内容特征进行统计分析，判别出能代表其信息内容的语言，然后与分类体系的语言类集进行相似性分析，确定信息属于哪一个类或哪几个类，并赋予其一定的知识分类标识。自动分类技术按实现途径可以分为自动聚类和自动归类两种。

（1）自动聚类技术

自动聚类是指先利用计算机系统从待分类对象中提取特征，再对这些提取出来的全部特征进行比较，最后根据一定的规则将具有相同或相近特征的信息对象定义为一类。

（2）自动归类技术

自动归类是指利用计算机系统从待分类对象中提取特征，通过与事先定义好的各种类别具有的共同特征进行分析比较，将分类对象划归到特征最接近的一类并赋予相应的分类标识的过程。

4. 自动文摘技术

自动文摘也称自动摘要，指的是利用计算机自动地从原始文献中提取文摘。自动文摘的分类方法有很多。按内容压缩程度，自动文摘可以分为报道性、指示性、报道指示性、评论性和组合式五种。报道性文摘适用于那些描述实验性研究的报告和单主题的文献，能够提供原始文献中的重要信息，包括研究方法、使用设备、论据、数值和结论等。指示性文摘也称描述性文摘，由于所含信息量较少，因此一般不提供具体内容。报道指示性文摘又称混合性文摘，兼具报道和指示的功能。它将原始文献中价值高的内容作为报道性文摘，将其他的作为指示性文摘。评论性文摘也称评论，其价值往往依赖于文摘员的专业水平。组合式文摘是文摘员写出一组文摘，二次服务机构根据需要选取的技术。按面向用户的不同需求，自动文摘可分为一般性文摘和偏重文摘。一般性文摘是指对所有用户都提供一般性的摘要；偏重文摘也称为用户聚焦文摘、主题聚焦文摘或查询聚焦文摘，可以依据特定用户的需求（如介绍用户感兴趣的主题）有重点地产生专属摘要。按文摘处理的对象集合个数，自动文摘可以分为单文档文摘和多文档文摘。单文档文摘处理的文本对象是单篇文摘，多文档文摘处理的文本对象是由多篇文档组成的文档集。此外，还可以按文摘处理对象的载体、按文摘处理语言的数量、按文摘长度是否可调节等标准进行划分。

生成自动文摘的常用技术有以下几种：

（1）基于统计的技术

基于统计的技术也称为基于抽取的方法或自动摘录，它只是利用了文档的外部特征，如词频、词（或句子）在文档中的位置，是否有线索词（短语、字串、字串链）及其统计数量等来进行文摘的生成，并不对文档内容做深层次理解。基于统计的技术容易实现、速度快、摘要长度可调节，但以句子（或段落）为基本抽取单元的抽取方法没有考虑句子间的关系，致使生成的文档并不连贯，因而会出现前后矛盾的问题，其可读性较差。

（2）基于理解的技术

基于理解的技术运用自然语言处理机制，分析文本中的常识、领域知识和领域本体等，对句子和篇章结构进行分析和理解，进而生成文摘。具体的实施步骤如下：

第一步，语法分析。这一步主要借助词典中的语言学知识对原文中的句子进行语法分析，获得语法结构树。

第二步，语义分析。这一步则运用知识库中的语义知识将语法的结构描述转换成以逻辑和意义为基础的语义。

第三步，语用分析和信息提取。它根据知识库中预先存放的领域知识在文中进行推理，并将提取出来的关键内容存入一张信息表。

第四步，文本生成。这一步将信息表中的内容转换为一段完整连贯的文字输出。运用这种技术生成的摘要质量较好，具有简洁精练、全面准确、可读性强等优点。但是，由于受到知识不足的限制，这种文摘技术只能适用于某些狭窄的领域，如用于处理有关地震情况的新闻等。

（3）基于结构的技术

基于结构的技术将文本信息视为句子的关联网络，选择与很多句子都有联系的中心句为文摘句。由于语言学对于篇章结构的研究还有待进一步深入，可用的形式规则也有待增加，所以，基于结构的自动文摘技术到目前为止还没有一套成熟的方法，不同学者用来识别篇章结构的手段也有很大差别。[1]

二、数字图书馆信息资源的存储

（一）数字图书馆信息资源的存储体

数字图书馆信息资源的存储体是一个存储数字信息资源的计算机系统，它由硬件和软件两大部分构成。其中，硬件主要包括存储设备（如光盘库、磁盘阵列、磁带库和存储交换机等）和服务器等；软件主要包括存储设

---

[1] 容海萍，赵丽，刘斌．图书馆信息资源建设［M］．广州：世界图书出版广东有限公司，2019：58-59.

备管理软件和数据库系统等。存储体的主要功能是存储图书馆中的数字化资料。它是数字图书馆中的书架，它可大可小，既可以存储数百万计的数字对象，也可以存储单个对象。在某种情况下，一个移动代理系统携带了一些数字对象，它们也可以称为存储体，但大多数的存储体是将信息直接存储在文件系统或数据库中的，并通过精心设计的界面将数字信息展示给用户。

在数字图书馆建设初期，人们并没有意识到存储体的重要性，没有依据不同的数字资源选择不同数据库、不同性能的存储设备来满足不同用户群体的不同需求。因此，最初的数字信息资源的存储与管理是孤立的，没有成为图书馆系统的一部分。有关的存储设备性能较差，甚至许多图书馆没有专用的存储设备，多种数字资源与其他服务器共用一台服务器。而有关的管理软件主要由数字资源供应商选择或推荐。进入网络时代以后，虽然一些数字图书馆在存储体上成功地使用了关系数据库，但是关系模型相对于数字图书馆中所需要的丰富的对象模型来说，灵活性太差。这样的数据库存储系统既不能很好地存储更为复杂的馆藏数字信息资源，又难以满足用户对信息服务日益增长的需求。由此可见，人们必须依据数字资源的特点和用户需求来选择合适的存储体。数字图书馆的存储体一般要满足以下要求：

第一，存储体支持隐藏数据，或者说是支持数据隐藏。数据隐藏主要针对用户端而言，存储体的内部结构是透明的，当进行馆藏数据的再次组织时，对其内部表现进行改造或是将其向其他计算机转移，皆不会产生任何影响。这个概念源自以对象程序设计为基础的对象封装。如果封装后的对象形成了一个黑匣子，用户无需知晓也不能知晓其中的内容，但又能清楚地知道这是用来做什么的。该项概念与数字图书馆领域的数据隐藏相类似。数字图书馆的客户端没有了解存储体内部组织结构的必要，两个存储体能够通过不一样的方法对信息进行组织，要么通过数字化手段将电影音频和图像储存为两种不同的对象，要么将二者储存为一个对象。至于客户端程序，则不用管它到底是一个还是两个文件，只要向服务器发送播放请求即可。

第二，存储体支持对象模型。所谓对象模型，就是指存储对象模型对对象的灵活支持，而较少限制数据、元数据、外部连接和内部关系。数字图书馆的其他模型不会遭到新增加的信息类型的根本性的变动。对象模型中，功能模块作为最典型的例子，其每个模块拥有特定的功能，并且相互之间缺少本质上的紧密联系。因此，如果删改其中一个模块，也只是在整个系统中减少了一个功能，而其余功能的正常使用不会受到影响。数字图书馆的存储体可以划分成几个种类，将每个种类做成一个对象分模块存储。在这样的手段下，即使更改一部分模块也难以影响整体的正常运转。

第三，存储体支持互操作协议。客户端和服务器之间存在协议，也就是互操作协议，它最主要的功能就是搭建起客户端和服务器之间的桥梁，这样，客户端就可以向服务器发送指令，请求帮助，服务器又能向客户端返回信息。其中，最基础的要求即在存储体内添加信息并提供访问的功能。客户端能够凭借定义完备的协议、数据类型等与存储体通信，并且，协议能够在存储体的允许下随着功能的增强一同变化。这同样作用于访问控制，存储体要在各个层次上支持广泛的访问控制策略。

第四，存储体具有稳定性与可靠性。人们可以将数字图书馆看作是存储体的计算机系统，而这意味着存储体必须具有较高的稳定性与可靠性。稳定性指的是计算机系统可以连续运行且不出差错，而这样的状态维持得越久，越能证明系统的稳定性。系统的可靠性不但靠稳定的运行来证明，还依靠存储体内存储的数据的正确与否来证明。也就是说，当数据从其他介质转移到存储体上时，其应保持与原始数据的一致性。用户的存储体中获取的数据必须保持与原始数据一致，即使有误差也应该控制在极小的范围内，务必保障数据以接近原始面貌的形态出现在用户眼前，换句话说，就是保证数据不失真。此外，性能方面的可靠体现在数字图书馆的计算机系统对用户提出的数据请求有高度灵敏的反应，在最短时间内完成响应，就算是网络整体情况不好，网速较差，也能在不超过用户耐心的时间内给出反应。

（二）数字图书馆信息资源的网络存储

传统的数字图书馆是利用磁介质、光介质等进行数字信息资源存储，后来随着网络技术的发展，人们研究出了存储量巨大、存储速度快的网络存储技术。它已经成为当代数字图书馆信息资源存储的主要方法。从技术的角度来说，网络存储简单易懂，它是 SAN 和 NAS 的组合。

SAN 是 Storage Area Network 的缩写，即存储区域网络。[①] 与 TCP/IP 网络不同，存储区域网络是专为存储系统设计的，它使用 FC 协议，而 TCP/IP 网络是通用功能的网络，支持各种各样的功能，尤其适用于高性能的应用。SAN 提供了一个专用的、高可靠性的基于光纤通道的存储网络，允许独立地增加它们的存储容量，也使得管理和集中控制（特别是对于全部存储设备都集中在一起时）变得简化。而且，光纤接口提供了远距离连接的可能，这使得实物物理上分离的、不在同一个机房的远距离存储变得容易。SAN 基本上是由 SAN 服务器、SAN 存储、SAN 互联设备和 SAN 管理软件构成。SAN 以光纤通道为基础，实现了存储设备的共享，突破了服务器与存储设备通过 SCSI 连接的距离限制和直联存储容量的限制；服务器通过存储网络直接同存储设备交换数据，释放了宝贵的 LAN 资源。SAN 一般通过三种方式支持服务器与存储设备之间直接高速数据传输：一是服务器到存储设备，这是服务器与存储设备之间传统的相互作用模式，其优点在于服务器可以串行或并行地访问同一个存储设备；二是服务器到服务器，SAN 可用于服务器之间的高速、大容量数据通信；三是存储设备到存储设备，通过这种外部数据传输，人们可以在不需要服务器参与的情况下传输数据，从而使服务器的 CPU 能更多地用于其他活动，如应用程序处理等。

NAS 是英文 Notework Attached Storage 的缩写，译为网络附加存储，就是连接在网络上、具备资料存储功能的装置，因此也称为网络存储器或网络磁盘阵列。NAS 是一种专业的网络文件存储及文件备份设备，其解决方案采用了 LAN 中成熟的以太网 IP 网络技术。NAS 设备可以利用 TCP/IP 协议在 LAN 上收发数据，它包含一台服务器、一个操作系统，以及由网络中心中其他服务器和客户端共享的存储体。因此，NAS 是一个设备，而不是一个网络基础设施。另外，NAS 具备很多优点，因而可以克服直接连接存储设备的限制，解决由 SAN 所导致的复杂问题。

综上所述，网络存储为数字图书馆信息资源建设扩大了存储空间，减少了服务器和存储系统的数量，使得管理变得更加轻松。而且，网络存储比

[①] 唐成. PostgreSQL 修炼之道：从小工到专家 [M]. 北京：机械工业出版社，2020：608.

直接存储的成本（如网络硬件成本、备份硬件成本、存储硬件成本、人员成本等）低很多，为数字图书馆节约了不少开支。

（三）数字图书馆电子书库的构建

电子书库又名数字书库，它是存储管理数字馆藏的环境，是存储数字馆藏的计算机存储网络系统。对数字图书馆来说，它就是数字资源存储管理子系统。它包括四部分：一是用来存储数字信息资源的物理设备，如服务器、磁盘阵列、光盘库、存储交换机等；二是用来管理这些设备和数字信息资源的管理系统软件，如光盘镜像软件CDNET、双机容错软件、光盘塔、库管理软件以及数据迁移软件等；三是符合存储系统要求的馆舍环境，如防静电、恒温、恒湿、防尘等；四是数字信息资源。

1.电子书库的规划

电子书库是存储数字馆藏的计算机存储网络系统，它的规模将取决于数字馆藏规模，而数字馆藏的规模又取决于馆藏发展政策、长期保存策略和经费这三个因素。也就是说，在规划电子书库时不仅要认真分析数字图书馆的现状和长远的目标，还要结合本馆的具体经济状况。此外，数字馆藏和电子书库都是网络时代的新事物，在规划时应更注重未来的需要，因为这些因素与未来数字馆藏规模的大小、数字馆藏发展政策、数字信息资源的长期保存策略有直接关系。

2.电子书库的性能要求

作为存储数字馆藏的一个海量数据存储系统，电子书库的系统必须具备以下一些性能：

第一，电子书库应具有安全性。首先，数据的安全是第一位的，数字图书馆的数字馆藏资源是为用户提供服务的根本，有很高的保存价值。由于不法分子有可能以技术手段攻击电子书库，导致数据丢失或错误，为此数字图书馆要加强防护，绝对保障数字馆藏的安全性。

第二，电子书库应具有高效性。高效性意味着能够支撑更大规模用户的访问，以及能够存储更多的数字馆藏资源。

第三，电子书库应具有兼容性。电子书库系统不止面向一方提供存储服务，在为多种主机平台提供服务的同时，还要向业务系统提供安全可靠的存储服务。

第四，电子书库应具有扩展性。电子书库建设需要考虑到以后系统经常面临的扩容、升级等情况，应保持平滑性，也就是说，在升级、扩容的同时要减少对用户使用的影响。故而，电子书库最好采用SAN存储系统。不过，电子书库涉及各个数字图书馆，其网络机构、设备设施还有存储容量等都要依照实际情况进行设计规划。

3. 电子书库的管理

电子书库是存储管理数字馆藏的物理环境，管理的内容十分丰富，具体来说包括三个方面的内容：第一，系统硬件的管理。众所周知，数字信息资源对设备的依赖性很强，一旦设备发生故障，系统就不能运行，服务的质量就会大大降低。有时，设备的故障还会导致大量馆藏数据的丢失。因此，电子书库系统硬件一定要有容灾性能。另外，还要加强人工管理，避免系统遭受自然和非自然因素的损害。第二，系统软件的管理。系统软件的管理与硬件管理一样重要。系统软件出现故障，不仅会影响为用户提供的服务，有时也会导致资源的丢失。因此，对系统软件的管理也绝不能松懈，馆员要及时检查和修复软件漏洞，避免酿成大错。第三，数字馆藏的管理。数字馆藏管理的内容很多，主要包括馆藏数据的更新、格式的转换、迁移和再生性保护等。总之，数字信息资源的长期保存问题仍是大多数数字图书馆有待研究和解决的课题。

第三节　数字图书馆信息资源建设的模式与策略

一、数字图书馆信息资源建设的模式

（一）存储模式

信息资源存储模式是指利用存储设备对信息资源进行存储和管理的一种模式。国内外几种比较成熟的存储模式各有其优缺点和使用环境，因此对存储模式的建设不能一概而论，而应该根据对海量存储系统的应用需求、网络的带宽和经费等情况加以综合考虑。[1] 此外，对存储设备和存储管理的了解也是正确建设存储模式的前提。

对于数字图书馆信息资源而言，在存储设备中，磁盘阵列、磁带库和光盘库都是优秀的选择。磁盘阵列指的是将专用的、有多个类型的、容量和接口一致的磁盘甚至是普通的磁盘组合成特定阵列，该阵列能够使得磁盘数据的读写更为高效、准确、安全，进而实现了数据读取的速度、安全的优化。基于这个目标，进行磁盘阵列读写的基本要求如下：一方面要尽量为磁盘数据的读写增速，另一方面要确保在丢失一部分磁盘的情况下，数据能够在阵列的保护下不丢失。磁盘阵列最主要的优势就是读写数据的速度非常快，这对网络数据的可用性和存储容量提升很大。此外，在系统数据的吞吐率方面，由于磁盘阵列将数据按照一定规律分布在多个磁盘上，因此吞吐率也有所提高。磁盘阵列有利于预防因磁盘中单个硬盘产生故障而威胁数据安全的情况发生，其原理就是将多个容量不大的硬盘与智能控制器相连接，能够增大存储容量。总的来说，磁盘阵列是数字图书馆常用的高效网络存储备份设备。磁带库可以看作是一种能够整合多台磁带机，将其并入一个封闭机

---

[1]　田翠华. 基于GT4的物联网交通信息服务仿真研究[M]. 厦门：厦门大学出版社，2017：184.

构中的箱式磁带备份设备，它的作用是以更加先进的技术为系统提供自动备份和数据恢复功能。光盘库即一种能够自动换盘的网络共享设备，主要有光盘放置架、自动换盘机构以及驱动器三部分。光盘库具有安装简单、操作便捷的特点，因此很适合在数字图书馆系统中推广使用。[①]

总的来看，上述三种设备各有所长，但是磁盘阵列在扩容的平滑性、数据的安全性、数据的传输效率、空间的利用效率以及功耗、占地、维护成本等方面都有着明显的优势，因此，目前很多数字图书馆存储信息时都会选择磁盘阵列。

数据存储管理是数字图书馆系统管理"拼图"中不可缺少的一块。要想完善数字图书馆的建设，就必须对数据存储进行妥善管理，这里所说的管理包括技术和制度上的双重管理。

（二）整合模式

数字图书馆的信息不可能存储在完全一致的地方，一般都是分散在不同的数据服务器上，其中信息整合是一种分布式模式。在数字图书馆资源基本数字化的今天，数字图书馆信息组织基于此出现，原来只能用纸张或其他物质载体存储的信息转换为了存在于电子计算机的电磁信号中的数字化信息，数字化图书馆从而能够基于统一的数字化信息统筹协调各种载体信息。要使得这么大规模的信息数字化，需要投入大量资金和时间，不是哪一个单位能够单独承担的。与此同时，当前的信息处理技术和信息传播技术都在不断进步，信息的体量在技术的刺激下迅猛增长，这导致一个单位不能用同样多的信息。因此，数字图书馆必须采用一种信息分布式的组织模式。在这样的模式下，信息资源以数字化的形式存储起来，并以网络化的形式连接彼此，为用户提供及时的服务。这种形式下，数字图书馆的组织能够跨越空间位置的限制，跟上全球化的趋势。

---

① 赵吉文，李斌，朱瑞萍. 数字图书馆建设与档案管理 [M]. 汕头：汕头大学出版社，2021：10.

（三）组织模式

信息组织在数字图书馆中是对信息资源的网络化。数字图书馆的根基是互联网，其背后有着由高速、大容量的计算机网络系统连接起来的世界图书资源，并且又由网络与无数计算机连接起来，开展资源采集、数据存储、数据读取等操作。在这方面，可以说信息网络是数字图书馆的基础。

在数字图书馆中，信息的组织基础是信息资源的标准化。只有标准化的、规范化的信息资源才能使数字图书馆之间共建共享信息资源。网络信息资源丰富而复杂，为使其达到整齐、标准、规范的状态，人们研发出了元数据 Metadata 技术。目前，数字图书馆中经常使用的元数据标准是 MARC、Dublin Core 等。MARC 的优势是能够对相应的信息资源进行有针对性的描述，提升资源的可获得率，不过，其耗费了大量人力与时间在数据加工和标引上，操作起来也很复杂。Dublin Core 则简单很多，在操作和使用上都更为简便，有更强的兼容性，因此在国内外被广泛使用。它还具有灵活性，可用来描述复杂的资源。协调性也是 Dublin Core 的特点之一，它可以与数字图书馆运用的其他数据相结合，逐渐发展成为一个标准化的核心元素集。据此，我国数字图书馆信息资源组织模式采用 Dublin Core 元数据标准是可取的。

（四）安全模式

信息网络是在现代计算机的支撑下建立起来的，因此其信息源的特点是分散的、自由的、众多的，而不是单一、集中、封闭的。实际上，现代数字图书馆即计算机网络环境中的一个信息资源管理系统，鉴于此，维护网络的安全成为现代数字图书馆建设中无法忽视的重要问题。在现代的网络环境中，计算机病毒有可能造成数字图书馆信息资源被窃取或损坏，再加上有可能发生的机器故障、程序混乱、操作失误等，总之，信息的失误甚至失效都对信息系统的安全有危害。

数字图书馆的信息资源安全问题要想得到妥善的解决，相关管理人员就必须重视现有网络的安全技术，根据数字图书馆的具体情况在技术层面进行再次改造。第一个要做的就是构建数字图书馆的系统安全平台，在此基础上，建设数字图书馆安全管理机制和模型；随后制定标准，严格规范用户的使用权限和馆员的管理权限；最后还要制定安全法规和政策，保障数字图书馆的安全管理。因此，一般会使用 T-O-R 模式来解决数字图书馆的信息资源安全问题，这一模式能够全方位对数字图书馆信息资源安全所面临的问题进行解决。T 是指 Technology，技术环节，即数字图书馆信息资源安全所包含的各种技术；O 是指 Organization，组织环节，即安全管理措施在实施中面临的组织问题；R 是指 Regulation，法律环节，包括和安全管理措施相对应的多种法律法规问题。[①] 在这三个环节中，技术环境从根本上保障了数字图书馆信息资源的安全，组织环境是体现，法律环境是衡量的尺度。

二、数字图书馆信息资源建设的策略

（一）加强馆际合作

图书馆在数字化建设中为了规避资源数字化的重复和浪费，在选择数字化对象时会对国际上已经成熟的数字化规划进行参考，同时，了解国内数字图书馆建设工程的各个项目，以此制定选择策略，帮助自身的数字化工程和国内外其他数字图书馆保持连接。

1.合作形式

数字图书馆之间的合作形式多样，但从合作领域来看，主要有以下几种：

第一种，区域性合作，即一个地理区域范围的各个图书馆之间联合订购，建设一些通用的数字化资源。例如，由重庆市高等学校图书情报工作委员会组织的、重庆市高校图书馆联合出资引进的数据库资源"中国学术期刊"等，避免了各图书馆单独引进资源时造成的资金浪费。

第二种，行业性合作，即同一系统之间的图书馆联合订购，引进一些数字化资源。例如，中国高等教育文献保障系统（CALIS）在引进国外数据库方面采用的就是行业联合。这种合作形式是当前中国数字图书馆建设发展的初级阶段。

---

① 孙仙阁.数字图书馆的发展研究[M].成都：电子科技大学出版社，2016：125.

第三种，全国性的甚至国际性的联合。例如，中国数字图书馆工程，就是一项国家级、跨部门、跨行业、长期建设、规模宏大的系统工程。它以合同的方式明确双方的责、权、利，以法律手段确保数字图书馆的正常运行。还有书生之家、超星等数字图书馆，通过与出版单位、发行单位、网上书店等结成全国性甚至国际性联盟，各司其职，各尽所能，互不冲突，共同获益。

2.合作方式

馆际合作的方式主要包括联合采购、联合存储、联机编目。其中，联合采购、联合存储是指各成员馆分别承担一定的收藏任务，并通过网络准确获得其他馆的文献采购情况，相互协调，减少重复订购，组建一个合理、共享的采购与存储体系；联机编目是将不同地区、多个各自独立的信息机构的目录联合成一个网上编目数据库，实现联机共享编目，任一成员馆将入馆新书的编目上传后，其他馆遇到同一书刊时即可直接下载，大大减少了重复编目。在经费有限的条件下，图书馆联合采购文献资源，尤其是数字资源，形成新的资源优势和服务力量，无形中扩大了用户查阅资源的范围，而且节约了经费，优化了资源配置。

（二）解决版权问题

数字图书馆的资源建设需要合理、有效地平衡保护和利用之间的关系：一方面，要合理保护版权人、数据生产商的权益；另一方面，还要使用户能有效、方便地获取信息。数字图书馆信息资源建设中涉及的版权问题主要包括数字资源复制权、汇编权、网络传播权等。如果未经版权人授权就在网上传播他人的作品，就会构成侵权行为。

对馆藏数字化来说，只要不涉及数字作品的发行和商业性传播，就不会侵犯版权人的网络传播权。数字化工程如果将未进入公有领域的作品数字化、网络化，必须先与版权人签订许可协议，确定其使用对象、使用时间、使用地点、使用范围等。

对自建数据库、书目、文摘数据库的创建，要尊重作者的署名权；全文数据库的开发，除进入公有领域的作品外，在使用作品原文时必须获得版权人的许可；数据库的编排、资源的内容和形式都必须具有独创性。另外，图书馆也要保护自己的版权，如对本馆自建的数据库和经过加工后的数字资源等打上记号，通常采取的技术是水印。

若图书馆购买了网络数据库，就必须依照购买数据库时所签订的协议，在网页上发布版权声明，引导用户规范使用数据库。此外，还要通过管理制度、技术手段和培训等方法促使用户严格遵守协议，如严禁短时间内肆意下载或商业性复制，以免因用户的侵权行为而受到牵连，从而导致数据库被停止使用或引起纠纷。

对网络资源建设来说，应慎用加框和埋藏链接等特殊技术，以免引起版权纠纷。如果要使用这类技术，应事先得到对方许可。

网页设计时，可以参考其他网站的网页设计风格及其内容组织方式，但是未经网站拥有者许可便直接下载利用他人的网页，也是一种侵权行为。

从长远来看，用"版权集体管理组织和法定许可制度"来解决版权问题是可行的。目前，可通过一定范围、一定程度上的协商以及采用高科技技术来解决版权问题，如超星数字图书馆推出的网上协议、作品分配制度等。

（三）找准资源定位

建设数字图书馆的信息资源，需要联合多个行业、部门，以及得到大量资金、技术和设备的支持，还要解决资源版权这一重大问题，因此这是一个庞大的、复杂的项目。首先，各数字图书馆必须审视自身实际情况，从自己的特点出发，找到适合的位置，从技术的开发能力、网络环境、资源和服务能力多个维度考虑适合的资源建设程度和方式。尤其是那些在资金和技术上实力不佳的普通高校图书馆，为避免重复劳动造成的浪费，可以参考其他著名高校图书馆的数字学科资源库和校本特色资源库，节约精力，专心建设自己的特色资源。其次，数字图书馆的建设应该站在更高的角度，建立全国联盟，为大局考虑，组织国内优质的高校对教育和科研库进行建设，对已经建立起来的专题资源库进行调研并发布其具体情况，不同学科尽快制定好专题资源库的选题立项，对各个高校的选题申报做统一的协调。最后，数字图书馆的信息资源建设应该将重点放在资源的获取上。人们在当前的网络环境下对有效信息的获取越来越重视，对传统文献的获得不再那么重视。这就要求图书馆将目光投向市面上的各种电子出版物,深挖网络资源,建馆的目标主要定为社会数字信息资源的馆藏化。

(四)扩展开发深度

目前,绝大多数图书馆网络信息资源的开发仅限于热门站点链接或开发的深度很不够,链接的网站数量也比较少,分类粗糙,链接的网址大都是最上级的网址,而非真正有用的信息。因此,网络信息资源的开发除了改善上述链接,还应不断地从网络上下载有价值的信息,并通过组织、整理变成本地的现实资源,而且要长期、系统地进行这方面的积累,使其成为本地现实资源中的重要组成部分。

(五)确保信息安全

当前,怎样确保数字信息资源的安全保密问题是计算机技术研发领域的一大课题,国内外相关领域都投入了大量资金和人力深入研究这一问题。数字信息资源的安全问题主要源自复杂的网络环境,由于网络安全问题也十分复杂,要想确保数字信息资源的网络安全,应该从以下几个角度着手进行:

①访问控制。访问控制是最主要的网络安全防护策略,其中又包括了网络的权限控制、目录级安全控制、属性安全控制、网络服务器安全控制、网络监测和锁定控制、网络端口和节点的安全控制、防火墙控制,等等。

②信息保密。信息保密是为了对网络内的特定数据、文件、控制信息等进行保护,避免被非授权用户得到。信息保密中又包括了连接保密、无连接保密、选择字段保密和通信信息流保密四种。

③提供抗否认服务。抗否认服务的主要作用是为信息资源的接收者提供发送证据,使得信息的发送者无法否认。反过来,也能为信息资源的发送者提供证据,使接受者无法否认。

④制定严格的法律法规。网络出现的时间不算太长,并且还处于不断的变化之中,很多网络不法行为还没有准确的法律参考,因此必须制定严格的网络行为法律法规,对不法分子形成威慑,保护数字图书馆信息安全。

第四节　数字图书馆信息资源版权保护

当前，网络上的信息能够自由地发布和更新，图书馆馆员的服务方式也被信息检索、书目编制、建立数据库等文献分析、加工、保护等工作所取代，馆员不仅有着搜集和保护文化成果的职责，还需要将整理过的成果提供给有需要的读者。此外，馆员还能成为信息资源专家，对信息进行搜集、整理、筛选，选出其中的优质资源，并成为信息共享系统的版权保护者。数字时代，所有的图书馆馆员需要考虑的问题就是怎样在自由获取信息的同时，不侵害他人的知识产权。

一、数字图书馆信息资源建设中的版权问题

数字图书馆是以网络为依托，存储海量数字化信息，提供在线、高效、多媒体、大量信息的阅读、检索与复制服务的开放式资料库。数字技术与图书馆的结合迎合时代的发展趋势，但要注意的是将馆藏作品数字化并上传至网络，将会带给图书馆各方面的版权问题。

（一）文献资料的版权问题

数字图书馆的文献资料版权问题主要体现在书刊文献的复制、音像制品的出租、电子出版物的传播上。

复制权是版权中最基本、最重要的经济权利，可以说是版权赖以确定的基础。版权人有权决定自己的作品能否被复制。复制权是一种专有权利，版权法并不禁止所有的未经许可的复制。法律往往对复制权进行一些限制，那些非商业性的，对销售市场并不产生影响的少量复制不在版权人控制的范围内。数字图书馆作为大众传播机构，目前还没有可以任意复制他人作品的权利。

一些数字图书馆的听音室、多媒体阅览室、视频阅览室里都向读者提供VCD、录像带、磁带等音像制品的出租服务。一般来说，如果以营利为目的出租、制作复制品，出租者应向著作权人支付报酬。

电子出版物与电子版权息息相关。电子版权是电子技术广泛应用于出版、通信、存储、检索活动等而出现的技术，它包括图书与期刊的电子化版本权、作品的数字化权、作品的其他电子形式的利用（如微缩胶片制作、幻灯片制作、电子传递等各方面）。作品的电子版权不同于传统的纸质印刷版，它是非常独特的。作品被电子化以后，不但其载体发生了变化，而且其功能也发生了变化，具体表现在四个方面：其一，传统印刷技术使作品固定在有形载体上，因而作品是固定的，而在网络作品中，作品是动态的，并可能以数字化形式存在，不固定在有形载体上；其二，在互联网中传播的信息，可能仅仅是一些数据，有时并不符合传统版权的定义；其三，传统的作品之间界限十分明显，电子环境下作品之间可能失去界限；其四，在电子出版中，联机会议、联机编辑、交互计算机的应用使作品所有权问题变得更加复杂。以上诸多因素导致电子版权的范围大大增加，即扩大到包括缩微权、数字化权、幻灯制作权、网络入网权、电子广播权、制作多媒体权、下载权等。只有了解电子版权，图书馆才能对电子出版物做到很好的应用，也可避免侵权现象的发生。

（二）数据库的版权问题

数据库是非常独特的作品类型。就功能来看，数据库在表面上不是供人们阅读，而是用于提供查询的。例如，有些数据库中的内容可能是不受保护的数据，但该数据库需要不断维护与更新，所以，数据库的投资人对它享有所有权。此外，数据库的组织形式及文档结构中独特的排列方法的使用构成了智力劳动。因此，数据在数据库系统中的独特编排方法也在法律保护的范围内。数据库权的内容一般包括行使权、禁止权、许可权、转让权。数据库在制作过程中必然涉及系统软件和应用开发。软件有自己的独特版权，用户合法获得数据库服务并不意味着也得到软件的使用权，在用户与数据库提供者之间的服务合同中，有关软件版权责任问题应有明确规定。使用他人享有版权的作品制作以商业为目的的数据库应取得版权人许可并支付报酬，对于非营利性地使用他人作品的行为也要注意被使用作品的性质与使用数量。数字时代，不少图书馆都涉及购买、使用和建立数据库的事实，因此也存在上述类似问题。

（三）虚拟作品的版权问题

将书刊数字化，实际上行使的是版权人的复制权。因此，数字图书馆，尤其是虚拟图书馆在收录文献时必须符合法律的规定或得到版权人的授权。在网络环境下，虚拟图书馆利用网络将各个分布式的信息资源连接起来，使作品的使用无法得到控制，也就是说读者很容易就可以接触所有作品，并能方便地下载和使用。在这种情况下，版权人的权利在极隐秘的情况下被侵犯了。从客观上讲，无论作品是物理形式还是非物理形式，只要其可以被复制就涉及了版权问题。也就是说，虚拟图书馆作品也应得到法律的保护。

二、数字图书馆信息资源版权保护的法制手段

当前，我国的信息化法律体系还不是特别完善。由于相关技术及其应用的发展速度非常快，数字化信息资源版权保护有关的法律和法规的形成和立法过程有必要适当加快，以适应不断发展的社会需要。具体可以从以下几个方面着手：

（一）制定付酬标准与赔偿原则

进入新时期，一个新的模式取代了旧有模式，即海量使用者与零星使用海量作品。如果遵照传统出版商的标准对每个使用者都收取版权使用费，赔偿的标准以一千字为准，是不符合数字化时代要求的。所以，应当制定更合理的法律，仔细考虑数字版权经营者的实际付出和成本，以便向使用者收取费用。

（二）引入法定许可制度

现代社会，所有受到版权保护的作品都要有版权人的许可。因此，经常会出现版权人和使用者"拉扯"的过程，如双方对此作品的享有权，以及

产品的价值和价格方面的洽谈。而这可能会导致交易费用额外上涨，使用者可能会无法承担。不过，有法定许可制度的允许，使用者就能不经过版权人许可直接使用，使用的费用可以在之后通过协商的方式解决，这样做使得成本费用较之前者有了很大的下降空间。同时，因为价格的谈判往往在事后，所以很少出现因为协商不顺利影响作品的使用效率的情况。

（三）建立强制许可制度

建立强制许可制度是指当版权人在一定的时期内不允许他人使用已发表的作品时，使用者能够通过向政府的有关部门递交申请的方式获得强制许可证，但在使用版权人的作品后要支付相应的报酬。

（四）适当放宽版权

适当放宽版权，指的是在合理的范围内使用版权，法律在特定条件下允许他人自由使用版权作品而不必得到版权者的许可，甚至不必支付报酬。

（五）借鉴避风港原则

高校公共图书馆和各地区修建的公益图书馆中，有很多信息内容源自图书馆使用的内容服务商为其提供的资源数据库。

用户很难查清网络上庞大的数字信息资源是不是都获得了授权，也不清楚这些非营利性机构有没有从中赚取利润。所以，应该将互联网版权行政保护办法的避风港原则与数字图书馆相融合。倘若版权人发现图书馆存在侵权的行为，则可以第一时间通知图书馆，要求图书馆立刻下架相关内容和链接。数字图书馆就能避免担责。

（六）增加对规避行为的法律约束

通常情况下，人们能够采取技术措施对网络侵权行为予以制止，不过，技术还是会存在漏洞，如果不能通过法律对擅自解密或规避技术措施的恶劣行为进行惩罚，则无法真正保护版权人的权利。例如，早在1995年，美国就颁布了《版权与国家信息基础设施》，这是值得各国借鉴的。

（七）完善版权集体管理机制

数字时代，作品的电子化导致作品版权的管理不再依靠个人实施，集体管理在这样的背景下显得尤为重要。因此，人们应从以下四个维度采取措施强化版权集体管理机制：其一，根据不同的作品及其特点，划分单个的管理组织实施管理行为；其二，规范化处理加入集体管理的组织应收取的费用；其三，在保护版权人权益的同时规范集体管理；其四，加强对集体管理组织的监督，并严格审查机构运作费用额度。

（八）注重版权保护与资源共享的平衡

数字网络时代促进了全球性的经济复苏，更大的影响还在于随之而来的全球各个知识领域层面的创新。人们必须严格执行法律法规，同时要保留足够的共享空间，以发挥数字网络的创新能力。这样才能维护互联网产业的创新和信息行业的可持续发展。因此，数字信息资源版权制度寻求的应该是在保障公共利益安全范围内，通过提供有限的独占权来达到平衡竞争。

三、数字图书馆信息资源版权保护的技术保障

由于网络环境的特殊性，网络与数字化信息资源的版权保护仅仅依靠法律和行政手段是不行的。要尽量降低网络安全受到的威胁，保护网上信息资源的版权，网络自身技术的支持与发展是必不可少的。目前，可采用以下一些技术措施来进行数字信息资源的版权保护。

（一）防火墙技术

防火墙技术能够给人们提供对网络的存取控制功能。从根本上讲，这其实是出于保护网络路由安全的目的而在内部和外部网之间建立防护层。它会对所有的内外连接进行强制性的检查筛选，能够避免网络信息的破坏、损毁、更改或拷贝。防火墙技术的出现是为了应对越发复杂的网络环境，由于不断有新的网络安全问题出现，也就诞生了相对应的、功能不一的防火墙，如病毒防火墙、电子邮件防火墙、FTP 防火墙、TELET 防火墙等。一般来

说，数字图书馆如果将各种类型的防火墙集中起来使用，使其互相弥补、互相增强，就能极大地提升网络信息资源系统的安全性。

（二）加密技术

加密技术一般分为数据加密技术和软件加密技术。前者就是对那些需要在网络上传递的信息进行加密，等到达目的地后再解密的技术。这种加密技术是最常见的数字图书馆信息资源版权的保密技术，其内又包含多种具体的加密技术。例如，人们常常可以见到的不对称加密技术、安全协议等，都可以在信息的运输途中对文本进行确认和保护，防止出现窃取或删改。软件加密技术相较于前者更为复杂，是通过研发的软件对数字作品的不同使用权进行限制或说明，由于等级不同，作品的不同使用形式要在一定的条件下解密。

（三）认证技术

认证技术就是通过对被认证对象（人或事）的一个或多个参数进行验证，从而确定被认证对象是否名实相符或有效，又称为统一身份认证技术。这要求要验证的参数与被认证对象之间应存在严格的对应关系，最好是唯一对应的关系。常用的参数有口令、标识符、随机数、密钥或人的生理特征参数（如指纹、声纹、视网膜等）。认证技术可以降低维护的管理成本和工作量，提高了用户使用的方便性和应用系统的安全性。基于整个网络的、全面的统一身份认证技术，为数字图书馆的各项应用系统提供了安全可靠的保证。具体来说，这项技术有以下三个特点：

第一，用户资料的统一存储和管理。建立一个用户认证数据库，用于对用户的添加、修改、删除等操作，这些数据可以被各个系统引用，是权威的数据。为每一个用户提供唯一的电子身份，以便哪个用户出现问题时查找方便，便于对用户的控制。用户具有唯一性，是因为每个用户的系统绑定了身份证。系统能够使现有的安全认证应用系统更加智能化，并且更易于防范未经授权的访问和日志记录。

第二，用户身份集中验证。通过对用户角色的统一管理，认证技术可以控制每个用户的权限、授权范围。所有身份验证都集中在认证服务器认证,具有高可靠性和可信任度,便于建立系统内的 CA 中心,有利于提高整个信息化应用系统的安全性。由于是统一管理,便于更新技术和采用最先进的认证方案,提高认证的安全程度。由于形成单一的权限认证,因此建立独立的权限服务数据库,可以保证所有权限的权威性和唯一性。[①]

第三,采用基于身份认证的单点登录,可显著提高信息化的易用性,降低登录页面的使用难度,提高用户的使用效率。

(四)数字水印和数字指纹

数字水印利用数字内嵌的方法隐藏在数字图像、声音、文档、图书、视频等数字产品中,使得用户只能在屏幕上阅读,而无法复制。这种技术可以用以证明原创作者对其作品的所有权,并作为鉴定、起诉非法侵权的证据,同时,还可通过水印的探测和分析保证数字信息的完整可靠性。数字指纹与数字水印技术相似,所不同的是数字指纹在数字作品中嵌入的是作品传播者和使用者的标识信息,而数字水印嵌入的是作品版权所有者的标识信息。未经授权的拷贝一旦制作发行,就可以根据此拷贝所恢复出的指纹来确定它的来源。

(五)移动 Agent 技术

移动 Agent 技术是代码、数据和执行环境的封装,它可以在执行过程中实现在计算机网络中有目的的迁移,并且能响应外部事件,在迁移过程中能保持其状态的一致性。许多电子商务系统和实时证券监管系统都采用了这项技术,由此可见其安全性。因此,当代不少有条件的数字图书馆也将该技术应用到信息资源版权的保护中。

(六)数字签名

数字签名是一种以电子形式保存的、能识别信息发送者的签名,属于数字图书馆信息资源版权保护技术中的安全控制技术。数字签名是附加在数据

[①] 张晶,刘建国. 民航信息资源检索概论 [M]. 北京:科学技术文献出版社,2013:320.

单元上的一些数据，或是对数据单元所做的密码变换，它允许数据单元的接收者用以确认数据单元来源和数据单元的完整性，保护数据，防止被伪造。这一技术在保护所发送的信息的同时，还可认定发送者的身份信息。此外，数字签名还能鉴别发送者的身份和信息内容，可以有效地保证交换过程的合法性和真实性，防止"抵赖"现象发生。[①]

（七）访问控制技术

访问控制技术是一种针对访问者对特定网络资源进行访问或对访问的深度和广度进行控制的技术。它允许用户对其常用的信息库进行适当权利的访问，限制用户随意删除、修改信息文件。访问控制的过程如下：先提取访问者的户名、地址等信息，以及所要求访问的网络资源或服务，然后核对系统中预先设定的访问控制表，最后允许符合条件的访问者进行网络资源的访问或得到网络服务，拒绝不合条件的访问者访问网络，以保护网络资源和重要数据不被盗用。

（八）其他技术

除了上述各种保护技术，数字图书馆还可以采取硬件技术进行信息资源版权的保护。比如，中国学术期刊全文检索索引数据库就使用了加密狗技术，没有安装加密狗的机器都不能阅读其中的期刊。另外，还有反复制设备，即阻止复制作品的设备，具有代表性的是 SCMS 系统，这个硬件系统最大的特点就在于它不但可以控制作品的第一次复制，而且可以控制作品的再次复制，从而避免数字化作品复制件被用为数字化主盘。我国数字信息资源版权保护的统一标准在网络上兴起以后，许多企业纷纷涌入造成行业标准不统一。例如，仅在电子书的阅读格式和支持软件上，国外就有 OEB、微软、ADOBE 等标准，国内有超星、书生、方正、中国数字图书公司网上图书馆等标准，让用户无所适从。因此，亟须建立一套行业的统一标准来简化购买和下载的程序，为用户的使用提供便利。国家标准化管理委员会于

---

① 江莹.基于信息资源建设与读者服务的高校图书馆发展研究[M].长春：吉林大学出版社，2020：40.

2005年8月31日发布施行的《标准网络出版发行管理规定（试行）》在一定程度上统一规范了电子版本销售、远程打印、在线阅读、光盘订制等商业性服务活动的标准，为建立我国数字信息资源版权保护的统一标准奠定了基础。但应该注意的是，有关主管部门在制定标准时更要放眼于未来，放眼于国际，毕竟一个标准要影响或主导行业大的方向，这样也才能实现和发挥标准的最大作用。具体可以先从联合其他国家相关的部门或机构一起制定标准开始，进而冲击国际标准，让国内企业有能力与国际企业争锋。

另外，网络法制和网络道德是促进网络世界健康发展的保护数字信息资源版权的两大重要手段：

关于网络法制的内容在本节第二点中已经有详细介绍，因而此处只分析网络道德。加强网络道德建设，可以从他律和自律两方面着手。他律在一定的历史时期可以产生立竿见影的效果，而网络自律相对于传统规则而言，更具有灵活性、专业性，因此可以产生更合理的结果。网络自律大体包括三个层面：一是网络建设、运营和维护方面的自律；二是网络社会或文化的自律，即网上新闻组、聊天室或网上社区的行为规范；三是行业或商业的自律，即从业者本着促进互联网发展、为消费者服务的原则，通过友好协商，对各项网络活动的一般准则达成共识，制定自律公约，由业界自发遵守与自我约束，共同维护公共利益及消费者权益。例如，2005年1月成立的中国互联网协会行业自律工作委员会网络版权联盟，以及新浪、TOM在线、腾讯等六家互联网服务商于2006年3月共同签署的《无线互联网行业版权同盟章程》等，这些行动都是我国开展网络自律行动一个非常好的尝试，对于促进我国网络事业的健康发展和保护数字信息资源版权都起到了积极的作用。

就目前来看，国内外暂时还没有一个统一的、被大多数人认可的数字图书馆信息资源版权标准，仍然处在见仁见智的争论和讨论中，但这并不影响数字图书馆的迅猛发展。客观地看，数字图书馆的建设是图书馆发展历史中最快的。从这个意义上讲，数字图书馆的建设在整个图书馆发展历史上具有里程碑的意义。

第四章
数字图书馆用户服务研究

用户是数字图书馆服务的对象,为用户提供优质的服务是数字图书馆的任务。数字图书馆用户服务水平的高低也是衡量数字图书馆质量的重要维度。基于此,本章即对数字图书馆用户服务展开深入的探讨,首先论述了数字化时代图书馆用户的特征与需求,接着深入探讨了数字图书馆的用户服务理念、策略和评价。

第一节　数字化时代图书馆用户的特征与需求

一、数字化时代图书馆用户的特征

（一）用户结构更加多元

传统图书馆的用户主要有两大类：一类是科研工作者（包括教师、科研人员、技术人员等），另一类是广大的人民群众。如今，随着数字化时代的来临，图书馆的用户构成变得更加多元，来自各行各业的潜在用户大量增长。因为现代人认识到，有效利用各种信息是解决问题和事业成功的重要条件。图书馆的用户结构有了改变，过去主要是个体用户，现在出现了较多的群体用户，如远程教育群体用户、职业教育或专业培训的群体用户等。最突出的是网络用户的大量增加。网络用户是指那些不仅有信息需求，而且利用网络获取信息，以强化自身知识结构，提高技术水平或进行研究的用户。

（二）用户趋于年轻化

数字化时代的图书馆用户普遍更为年轻，年轻群体更喜欢和擅长使用手机等电子产品，所以，他们更加青睐于通过数字图书馆阅读。而中老年群体接触电子产品较少，也并未非常熟练地掌握电子产品的使用方式，因而他们对数字图书馆感到较为陌生。所以，从整体层面来看，数字化时代图书馆用户趋于年轻化。

（三）用户的阅读欲望更加强烈

在信息技术尚未普及之前，图书馆用户只能到传统图书馆阅读，阅读的资源有限并且检索、查找图书较为烦琐，这也在一定程度上影响了图书馆用户的阅读热情。而数字图书馆具有海量的图书资源，并且可以根据用户的喜好向用户进行个性化推荐，查找信息资料也十分便捷。这也使得用户产生了更加强烈的阅读欲望。

（四）用户青睐于碎片化阅读，阅读时间更长

随着数字图书馆的出现，用户的阅读不再受到时间与空间的限制。只要有网络，用户便能够通过数字图书馆进行阅读。在此情况下，用户更加青睐于利用碎片化时间进行阅读，并且由于打破了时空的限制，用户阅读的时间也比到传统图书馆阅读更长。

二、数字化时代图书馆用户的需求

（一）数字化时代图书馆用户需求的具体内容

1. 获取信息的需求

获取信息的需求指用户获取能满足自己工作、学习、生活需要的各种形式的文献检索信息的需求和原始文献信息的直接需求。

2. 发布信息的需求

发布信息的需求指用户向其他用户或外界发布、传递有关的知识信息的需求，如发表研究成果、发布业务信息、发送电子邮件等。

3. 信息交流的需求

信息交流的需求是一种双向的信息沟通需求，即用户与他人或者与外界开展信息交流和沟通的需要，如采用网上交互式问题的方式和他人展开充分的交流。

4. 信息咨询的需求

在数字化时代，精准、及时的决策与充分的信息利用已经成为广大用户参与各项职业活动的要点，因而数字化时代图书馆个性化的信息咨询获得了快速的发展。用户通过在线咨询、信息推送服务，定制 Web 页面或信息栏目获取查询服务，其对信息咨询的需求是极为旺盛的。

图书馆用户上述四个方面的信息需求是彼此紧密联系的，四者共存促进了数字化时代图书馆个性化信息服务模式的构建。

（二）数字化时代图书馆用户需求的结构

用户的文献信息消费需求结构不仅显示了用户的文献信息消费需求的序位，而且也显示出用户的文献信息消费需求的内容。如果作概略性的总结，则可以发现，用户的文献信息消费需求主要由功能需求、形式需求、外延需求和价格需求四种需求构成。

1.功能需求

功能需求是指用户在消费文献信息产品与文献信息服务时最基本的需求，指用户支付一定信息价格后希望得到的东西。文献信息产品与文献信息服务有着不同的功能，主要取决于文献信息内容上的差异。文献信息产品与文献信息服务的功能可以粗略分为主导功能与辅助功能，其中，主导功能是文献信息产品与文献信息服务的核心功能，它在用户的文献信息需求结构中所占的比值是最高的。

2.形式需求

形式需求是指用户对文献信息产品与文献信息服务的物质载体、表现形式等的需求。用户通常会根据自身的习惯选购相应的图书馆文献信息产品和文献信息服务。在用户消费文献信息的过程中，可能会因文献信息产品和文献信息服务的载体、表现形式不同而出现文献信息障碍、技术设备障碍等，从而在很大程度上影响用户体验，影响图书馆满足用户需求的程度。从一定角度而言，用户对数字图书馆文献信息产品和服务的形式需求可以视为对其功能需求的拓展。

3.外延需求

外延需求是指用户在文献信息产品与文献信息服务的功能需求、形式需求得到满足的同时，所要求的附加利益或服务。外延需求是用户的正当需求，这种需求经常是功能需求和形式需求得到满足的条件，也是这两类需求得到良好满足的基本保证。对不同文化背景和消费不同品质文献信息产品与文献信息服务的用户而言，其外延需求的强度有明显的差异性。联系数字图书馆文献信息产品和文献信息服务的表现特征，用户的外延需求一般体现在服务需求与心理需求两个层面。在数字图书馆文献信息产品消费中，用户在满足了自身的功能需求与形式需求的基础上，更加期盼获得数字图书馆给予的指导性、及时性、可靠性和善后性服务，同时，用户在购买文献信息产品和文献信息服务时，还会表现出一系列正常的心理需求，如求尊心理、求廉心理、求快心理、求新心理等。

4.价格需求

价格需求是文献信息产品与文献信息服务之外的需求，也是影响用户满意度的重要因素。用户的价格需求主要表现在价位需求和价格弹性需求两个方面。价位通常是指数字图书馆文献信息产品与文献信息服务的价格绝对水平的高低。通常来说，绝对水平较低时，用户便会产生更高的满意度；相反，那么用户的满意度便较为低下。然而，因为受到文献信息产品与文献信息服务功能需求及形式需求的影响，一些价位相对偏高的文献信息产品和文献信息服务也许更能获得部分用户的青睐。因此，对于用户对文献信息产品与文献信息服务的需求趋向必须进行分层次的专门研究。但可以肯定的是，文献信息产品与文献信息服务价格的高低主要应由文献信息产品与文献信息服务的质量和功能两个指标来调控。所以，在推出文献信息产品与文献信息服务时，必须考虑到部分用户的这种价格弹性需求。[①]

---

① 余光洲. 数字图书馆信息化建设方向与构建策略及考核评估标准和优秀经营借鉴大全·第2卷[M].北京：中国国际广播出版社，2011：433-434.

第二节　数字图书馆的用户服务理念

一、图书馆用户服务理念的概念

一个图书馆的用户服务理念是这个图书馆对于服务工作的理性认识、理想追求及其所形成的观念体系，它是图书馆人的经验，特别是其成功经验的高度概括和系统化，是指图书馆围绕读者展开服务工作的基本方针，是一个图书馆的办馆宗旨、原则、目标，是图书馆的服务方式、服务内容、服务态度等的体现。图书馆服务理念是图书馆一切服务工作的指导思想、理论基础、前进方向和行动准则，它引领、指导着整个图书馆的服务活动，指引着图书馆工作者各司其职，决定图书馆服务工作的开展方式并影响图书馆服务的水平。它是图书馆观点和图书馆经验的浓缩和代表，也是图书馆服务形象的关键所在。

二、数字化时代对图书馆用户服务理念的驱动和影响

图书馆的用户服务理念来自社会、公众和环境对于图书馆的要求和期冀，体验着图书馆的发展目标和价值定位。一直以来，图书馆在知识的传播与保存、民众服务方面发挥着重要作用。然而，随着数字化时代的来临，图书馆用户服务理念受到了显著的影响。

（一）信息技术推动的影响力

在先进的信息技术推动下，图书馆的外部环境与组成要素出现了显著的变化，信息技术对图书馆的机体产生了影响。图书馆成了信息技术运用的重要领域，IT 领域的热门词汇：云计算、虚拟专用网络（VPN）、无线射频识别（RFID）电子书阅读器、电纸书、移动阅读、数字电视、数字化、

三网融合、5G技术、电子化、数字化学习（E-leaning）、无线网络（Wi-Fi）等，也多为图书馆专业人员津津乐道，相关的技术也逐渐被各类图书馆引入和探索应用。有的已经成为图书馆业务的快速增长点和应用服务的亮点，如 Wi-Fi 接入、图书的自助借还、电子阅读器的出借等。若是中等规模的图书馆并未提供这样的接入服务，读者便会感到不满意，甚至会进行投诉。此外，信息技术不但是一种手段，而且还在真正意义上融入了图书馆的机体，成为一种全新的服务，一种区别于传统图书馆的场景。这种技术实践驱动着图书馆不断地去探索和形成新的服务理念，新的服务理念进而指导图书馆开展更进一步的服务实践。

（二）馆藏数字化的影响力

步入新世纪以后，资源数字化的脚步不断加快，这也促进了图书馆馆藏资源的数字化发展与网络化建设。数字资源建设是高校数字图书馆建设的重点，诸多图书馆推崇系统建设应当以打造优质内容为核心。今日的数字图书馆动辄以 T 级、十 T 级、百 T 级的存储容量来标榜自己的海量馆藏，把印刷型资料数字化、把图书馆搬到网络上，已成为一股潮流。谷歌的全球图书馆数字化规划、美国国会图书馆的"美国记忆"项目、中国数字图书馆工程等已形成了海量的数字化资源库群。图书馆的服务适应着馆藏数字化的变革，服务的文献单位从种、册、件转向篇、章和知识单元；服务载体从单一的印刷型扩张到数字载体、多媒体等；服务的方式从提供、出借扩展到信息共享、数据接入等。数字资源的共建共享、一站式搜索、桌面获取、数字资源公益性服务等新的理念也在这一过程中逐渐形成。数字信息环境除了具有海量信息内容外，还具备了动态知识交流的基础，图书馆应当打破文献数字化与传递网络化的限制，通过合理的知识组织体系组织起丰富的信息对象，形成专业的信息分析和知识挖掘能力，协助用户进行知识内容的发现。数字环境下的图书馆服务由文献服务向知识服务延伸。

（三）用户需求和体验行为的驱动力

在数字化时代，用户对信息资源展开的搜集、整理、组织与利用并非仅依靠图书馆这一机构就能实现。用户获取信息时不一定会优先选择图书馆或数字图书馆，用户的网络体验和信息行为影响着他们对数字图书馆的利用、评价和体验。因此，数字图书馆的用户环境不能对内封闭，应当是开放的，它必须遵循社会信息交流系统中关于数字资源组织、利用和服务的规则，必须尊重用户的信息搜索习惯，适应用户的需求。在互联网和数字图书馆建设的初期，资源的匮乏是一个重要的问题，大众通常会产生"有路无车"的感叹。在这种数字环境下，用户对信息资源产生了一种强烈的渴求与期盼。20 世纪 90 年代中叶，大量的用户希望能够通过网络获取科技信息，这和当时网络用户所从事的职业的比例具有紧密的关系，从事科研、教育、计算机行业的用户及学生所占比例超过 1/2，真正的消费型用户占的比例很小。如今已经无从寻觅的 256 个光驱的光盘塔在当时是非常宝贵的，当时的用户会非常认真地聆听他人讲授光盘塔上的资源检索、下载与保存的方式。如今，网络技术高速发展，中国网民的规模也变得非常庞大，他们在感受到先进的互联网搜索引擎的便利以后，已不屑于仅仅在图书馆网站的联机目录检索（OPAC）检索框里敲入要预先区分好的关键词、标题、作者……一个神奇的"回车键"被赋予了巨大的能量，"一站式"搜索成为一个信息系统基本的配置，专业搜索、高级搜索逐渐被边缘化。数字图书馆面对的就是这样一个数字环境造就的用户群体。数字图书馆应该去迎合用户，去关注用户的这种体验。例如，联机计算机图书馆中心（OCLC）研究人员对数字信息搜索者进行分析后提出让系统的外观和功能需要更接近谷歌和雅虎等搜索引擎和亚马逊网等网络服务；张晓林提出了数字图书馆要有机嵌入用户信息环境，并且以用户驱动为理念，围绕着科研人员的工作流程而展开服务工作，针对科研人员的信息使用习惯而设计，将信息服务渗透到科研人员的科研环境中。[①]把数字图书馆的服务融入用户的信息环境中，送到用户的桌面和用户的移动终端上，形成开放、泛在的信息环境，这就是在明晰用户需求和体验的基础上创生的实践和数字图书馆新的服务理念。

三、数字图书馆用户服务理念的具体内容

图书馆界一致认为"服务是图书馆的基本宗旨，是贯穿图书馆发展的

---

① 张晓林. 数字图书馆理论、方法与技术 [M]. 北京：北京图书馆出版社，2007：36.

主线,是图书馆的核心价值观"。在网络社会,图书馆正日益面临着文化传播载体和传播方式的变革所带来的挑战和冲击,经受着日益严峻的考验。如果希望在激烈的竞争中取得胜利,提供更加优质的服务,图书馆人员一定要合理地革新图书馆用户服务理念。具体而言,数字图书馆用户服务理念的具体内容包括以下几点:

(一)个性化服务的理念

用户服务是数字图书馆事业赖以发展的基石。随着信息技术的飞速发展,图书馆的用户服务理念向以用户为中心发展,由最初的单纯将文献资源数字化上传到网络,到数字化时代用户可以通过博客等方式进行互动式的参考咨询,实现了数字参考咨询服务。

虽然在互联网技术发展的早期,便已经产生了以"用户"为核心提供"个性化"服务的用户服务理念,但是当时由于图书馆受到技术、体制等因素的制约,"个性化"服务的理念实现得并不理想。而在数字化时代,在更为先进、智能化的技术的支撑下,数字图书馆用户服务将更加突出个性化服务的理念,而且这种理念会实现得会更为理想。

(二)协作服务理念

进入数字化时代以后,知识传播和挖掘的速度也有了很大提升,现代社会每时每刻都会产生大量的知识与信息,数字图书馆要想完全搜集、掌握所有的知识和信息显然是不可能的。这就要求各数字图书馆树立协作意识,只有通过各服务机构的相互协作,才能促进资源共享,使不同服务机构间的资源优势互补,降低资源采购和运营成本,提升协作服务机构的相关技术水平和图书馆工作人员的综合素质,节约大量的人力物力,以此提高协作服务机构的整体效益;只有通过协作,数字图书馆的服务形式才能更加灵活多样,更加丰富多彩,服务水平也才能得到提高。

(三)用户参与,资源共建的理念

传统图书馆业更加关注自身的发展,这导致了传统图书馆所构建的丰富的软硬件资源以及所提供的各种类型的服务被用户冷漠对待。步入数字化时代之后，随着用户主导、用户参与、用户分享等思想大范围的传播，数字图书馆也需要革新自身的思想观念，树立用户参与思想，将用户参与和互动作为数字图书馆资源建设与服务的前提与依据。也就是说，通过应用 Web 2.0 和泛在智能的相关技术，让用户付出时间和精力来真正参与数字图书馆的资源建设，让用户开始关注、重视并投入数字图书馆的资源建设，并使其乐于分享其建设成果。在引导用户参与数字图书馆资源建设的同时，数字图书馆还应当与相关单位建立起更加密切的合作关系，如加强与出版社、数据库商、电信部门以及网络服务商的跨界合作，达到资源、设备的充分共享，从而满足用户在泛在知识环境下的信息需求。[①]

数字图书馆的用户服务理念随着数字环境的发展变化而不断改变，人们从远观、中观与近观等迥异的角度探索新服务理念。从远观的角度来看，数字图书馆的用户服务致力于消除信息鸿沟，推动世界文化与信息的充分交流与利用。数字图书馆凭借着服务来表现出其在数字环境中存在的意义。从中观的角度来看，数字图书馆的用户服务为用户提供一个数字化、网络化的良好服务环境，提高用户获取与利用信息的能力。数字图书馆的服务能力保持与网络环境的同步，并融入社会的信息背景中。从近观的角度来看，数字图书馆提供信息专业化服务、个性化服务、在线咨询服务；将服务嵌入用户的信息环境，纳入用户的工作流程；协助用户进行知识内容的发现，从文献服务向知识服务延伸。[②]

第三节　数字图书馆的用户服务策略

积极探索数字图书馆的用户服务策略是非常重要的，目的在于明确如何在数字图书馆资源和用户服务之间形成有效的衔接，构建有效的服务体

[①] 龙渠. 现代图书馆服务与管理工作研究 [M]. 北京：原子能出版社，2019：46.
[②] 魏大威. 数字图书馆理论与实务 [M]. 北京：国家图书馆出版社，2012：83.

系、服务规则和可持续的服务保障。具体而言，数字图书馆的用户服务策略包括下列几种：

一、公告和展示数字图书馆的用户服务内容

数字图书馆不必隐瞒自身的用户服务内容，而应当以公开的态度进行公告和展示，做好充分的宣传推广工作。公告和展示数字图书馆的用户服务内容能够使用户对数字图书馆产生更加深刻的了解，可以帮助数字图书馆在社会上树立起良好的形象。

二、科学规划好各种用户服务途径

数字图书馆应对各种用户服务途径做好充分的科学规划。工作人员可以联系实体图书馆体系的构建情况，如总分馆制、多馆协作、数字图书馆联盟等，让用户可以方便、就近获得数字图书馆服务，提高用户对于数字图书馆的可接近性。

三、降低服务价格和成本

对于收费的数字图书馆服务，应明确收费的要求，为用户提供优质高效的信息服务；对于免费提供的数字图书馆服务，必须降低用户在使用服务时所花费的时间成本和精力，避免不友好的用户系统给用户带来的使用障碍。对于用户来说，他们更关心服务是否容易获取以及需要用多长时间来获取文献。因此，在系统设计数字图书馆与提供服务时要充分保证节省用户的时间和精力。与此同时，对于数字图书馆而言，也应当尽量压缩自身的运营成本。在建设数字图书馆的内容时也应当注重共享资源，规避资源的重复浪费。

四、从服务提供到用户体验的转变

数字图书馆需要提供用户服务才能体现它的价值,但是,只提供服务是不足够的。商品的价值是通过用户的使用体现的,而服务是需要用户的体验体现的。用户使用数字图书馆系统平台的目的在于获得优良的感受与令人满意的结果。如今,用户体验已经成为大量互联网企业激烈竞争中制胜的关键。数字图书馆作为通过互联网提供服务的系统平台,必须不断优化用户体验。

五、积极培养具有服务意识、信息意识和专业技能的数字图书馆馆员

数字图书馆馆员是推动数字图书馆工作有序开展的人员。只有培养出具有良好服务意识、信息意识与精湛的专业技能的数字图书馆馆员,才能做好数字图书馆系统的维护和为用户提供优质信息服务。用户不只依赖于人机界面获得数字图书馆的服务,还需要专业信息及个性化的信息服务来满足需求。

六、积极吸收新的信息技术

积极吸收新的信息技术来发展数字图书馆,才能使其具有旺盛的生命力和可持续发展能力,提高数字图书馆服务的效率,降低服务成本,推动数字图书馆的服务创新。数字图书馆应积极跟踪信息技术的发展,适时引入和推广新的服务方式。

七、加强交流与合作,通过资源共享为用户提供更好的服务

分享和合作是数字图书馆发展与提升自身用户服务水平的重要手段。不同数字图书馆之间紧密的合作能够推动其整体建设的步伐,避免重复工

作。"全国数字图书馆建设与服务联席会议"就是我国多个系统数字图书馆建设的最高层次合作形式,其通过系列指南的发布引领全国图书馆界协调一致开展数字图书馆建设和服务。同时,也要加强与社会信息交流系统间的合作,树立数字图书馆在社会信息交流系统中的地位和作用,进一步扩充数字图书馆资源,提高服务的能力。

八、整合高质量的信息资源

(一)加强各种网络资源的应用

网络信息资源作为数字图书馆信息资源中重要的构成部分,对于补充与拓展图书馆数字资源具有重要意义。数字图书馆应当合理地引进数字技术,对数量众多、内容丰富的网络信息资源进行合理的收集与管理。面对不同特征的信息资源可以采用不同的收集方式,可以采用视频收集、邮件收集、博客收集等信息收集方式,丰富数字图书馆的馆藏信息资源。此外,数字图书馆也应当强化与其他图书馆之间的联系,实现特色馆藏资源的共享,同时应提高对科研会议召开信息的关注度,以便及时取得会议资料、文集等。很多国外的科研会都会专门设一个相关的网站,将与会议有关的发言稿、论文、课题、成果等资料全部上传,以方便用户的获取。在数字化时代,数字图书馆应积极运用各种新技术收集这些资料。同时,网络信息资源的生产者、政府部门等都应该积极地分享信息资源,以满足用户的需求。

(二)对信息资源进行深加工

数字图书馆可以使用各种新兴的数字技术对用户的行为进行整理与分析,挖掘出用户的潜在信息需求,为用户提供精确的、深层次的信息资源。首先,数字图书馆应该运用混聚、UGC 等技术整合网络上的各种信息资源,并在此基础上对收集到的大量信息展开系统、全面的加工整理。对众多繁复信息资源进行充分的筛选,确保信息的真实与精准。其次,应当联系用户的信息搜索行为,运用科学的方法对收集到的信息资源进行分析,筛选出用户需要的信息资源。最后,对筛选出的与用户问题相关的信息资源进行加工，如提送给专家系统，由该领域的专家针对用户提出的问题，结合筛选出的信息资源进行解答，为用户提供精确的知识或做出相应的决策，满足用户的个性化、专业化需求。

九、继续开展前瞻性研究，推动数字图书馆创新用户服务模式

数字图书馆的发展方向与技术研发一定要具有前瞻性与可持续性，所以，数字图书馆开展前瞻性研究是非常必要的。数字图书馆一定要尽快形成社会公众易于接受与认同的数字图书馆用户服务模式，并在此基础上提供丰富多样的数字图书馆服务，提供有多种技术手段支持的服务模式供读者选择。

第四节 数字图书馆的用户服务评价

一、数字图书馆用户服务评价的指标与原则

（一）数字图书馆用户服务评价的指标

评价指标引导着评价行为。通常来说，数字图书馆用户服务评价应服从和服务于数字图书馆服务工作的整体目标，而数字图书馆服务工作的整体目标又取决于数字图书馆的核心职能。众所周知，数字图书馆利用计算机技术和网络通信技术对分布在不同地理位置的信息资源进行加工、存储，供用户检索、获取和利用。在本质上，它是一种基于多媒体的分布式信息系统，高度依赖数字化资源，能为用户提供超越时空的分布式资源存取。因此，数字图书馆用户服务评价是一种以满足用户需求为目的并需要用户参与的评价服务。依据评价的基本要求，联系数字图书馆用户服务评价的基本特点，本书将用户服务评价的指标概括为以下五个方面：经济性、效率性、效果性、

公平性、时效性。

1. 经济性

经济性指标主要用于衡量数字图书馆用户服务活动能否在兼顾品质优良的前提下消耗尽可能少的资源。它体现的是数字图书馆用户服务工作所达到的经济的程度，如数字图书馆工作部门是否以最低的成本为用户提供符合质量要求的信息服务等。

2. 效率性

效率性指标主要衡量数字图书馆用户服务活动的产出与消耗资源之间的关系，即是否能够通过一定的投入获得产出的最大化，体现的是数字图书馆用户服务工作中的资源利用率，如在不增加数字图书馆服务费用和保证质量的前提下，是否可以更多、更加方便地为用户提供信息服务等。

3. 效果性

效果性指标主要衡量数字图书馆用户服务工作的既定目标的实现程度，以及数字图书馆用户服务活动的实际效果与预期效果的关系，如数字图书馆工作是否使用户获得了实质性的益处，是否实现了用户体验效果的优化。

4. 公平性

公平性指标主要用于衡量数字图书馆所提供的信息服务与服务分配是否公平、公正，即用户获取与利用这些信息资源和信息服务的机会是否均等，如数字图书馆是否为社会弱势群体提供了公正的服务等。

5. 时效性

时效性指标主要用于衡量数字图书馆用户服务工作是否为用户及时提供有效信息，让信息及时发挥效用等，反映信息的时效性。

另外，在具体评价工作中，根据交互评价工作的重心与具体目的，可以将数字图书馆用户服务评价的目标分为以下三个层次：一是检查用户服务实施情况。这是最初级的评价目标，它主要是对数字图书馆用户服务所取得的实际成效进行检查，是一种成效评价。二是监督用户服务工作有序开展。

它是中级层次的评价目标，目的在于督导数字图书馆服务工作部门遵循既定的职能开展相关工作，避免其脱离数字图书馆的用户服务目标。三是优化用户服务工作，为用户创造更多的价值。这是数字图书馆服务评价的最终目标。并非为了评价而评价，评价的主要目的在于指引数字图书馆服务部门了解自身存在的问题与不足，从而创造更多、更大的价值。

（二）数字图书馆用户评价的原则

评价是一项具有较强主观性的活动，它需要合理规范的规则对评价主体做出适当的限制。总的来说，数字图书馆用户服务评价应当秉承以下原则：

1. 科学性原则

科学性原则主要指向评价过程的科学合理性、评价标准的科学规范性、原始评价数据采集的科学严密性、评价信息处理过程的科学严谨性，以及对评价结果的科学解读和运用。评价过程的科学性指评价应遵循科学性原则，形成符合实际的具体评价过程。评价标准的选择要具有科学性，结合数字图书馆用户服务的具体表现，反映数字图书馆用户服务的真实情况，各项指标的含义应当确切、清楚，单位应当统一，并且各项指标应可以通过科学的计算方法进行无量纲化，以确保指标的准确性。选择各指标下的数据时要注意口径的一致性，考察原始数据是否真实合理，这些都关系到评价结果是否真实有效以及评价结果能否获得认可。

2. 可操作性原则

评价必须具有可操作性才能实施，才能获得评价结果，实现评价目标。要使科学严密的评价指标体系得到实际运用，便要使抽象的概念具体化为可测度的项目，从而得到评价数据。指标的选取要考虑可操作性，同时要避免重复，可以适当地整合指标。落实可操作性原则的重点在于把握主要矛盾和关键矛盾，杜绝过于求全。应当依据评价对象的特点选择具有共性的指标。

3. 系统性原则

数字图书馆是一个复杂的信息系统，如果要完成科学评价，一定要秉承系统性原则。秉承系统性原则首先表现在对数字图书馆展开全面、深入的认知，从整体的维度把握数字图书馆与各系统之间的协作关系。数字图书馆是多个学科交叉融合的产物，在数字图书馆用户服务评价中，各项指标之间的关系是非常复杂的，这便需要对指标予以合理的选择并进行验证。所以，评价数字图书馆用户服务时应立足于不同的角度，使用不同的评价标准，应当从不同的角度对系统展开充分、全面的评价。

4.定量和定性相结合原则

定量评价以采集的数据为基础，充分运用数学工具和统计软件对数据进行分析处理，具有科学严密的特点，力图客观真实地反映评价对象的状况。数字图书馆建立在计算机和网络系统的基础上，可以采集到大量客观数据，同时，可以通过问卷调查、访谈、专题讨论等形式收集评价信息，从而充分保证运用定量评价方法进行评价的可行性。数字图书馆的用户服务评价也需要采用定性分析法。人在数字图书馆中扮演重要的角色，依靠评价人员的丰富实践经验以及判断和分析能力可以对数字图书馆用户服务的性质、服务效果等进行更富含主观体验的评价。因此，在进行评价时应本着定量与定性相结合的原则，灵活运用两种方法并发挥其各自的优势，为实现评价目标服务。

5.动态发展原则

动态发展原则是指评价标准要随着数字图书馆的日新月异的发展和用户需求的多元变化而变化。在数字图书馆的发展过程中，经历了技术主导、内容主导、服务主导三个发展阶段。现在，数字图书馆用户服务模式也从可见系统变成隐蔽嵌入式服务，数字图书馆成为用户随时随地可接触的资源库。伴随着数字图书馆的发展变化，用户在不同阶段会产生不同的需求，运用一成不变的标准评价处于变化状态中的数字图书馆用户服务明显不合适。不管何种阶段，评价标准都需要充分体现评价的目标与价值主体的需要，这一个基本点是不变的。用户是数字图书馆最大的价值主体，他们的需求要在评价标准中得到充分的体现。

二、数字图书馆用户服务评价的主体

数字图书馆用户服务评价的主体指的是开展数字图书馆用户服务评价工作的组织和人员。数字图书馆用户服务评价的内容涉及信息技术、图书管理、公共服务、财务管理等多个方面，因此，其评价主体的构成应多元化。

评价主体的多元化是确保数字图书馆用户服务评价结果科学、准确的基础。联系国内外数字图书馆用户服务评价理论与实践结果，笔者认为，数字图书馆用户服务评价至少应包括三方主体，即数字图书馆管理者自身、用户以及第三方机构。

任何一个评价主体都有自身特定的评价角度，有不可替代的比较优势，同时，具有特定身份的评价主体亦有自身难以克服的评价局限。

选择数字图书馆管理者作为数字图书馆用户服务评价的主体具有非常显著的优势。数字图书馆管理者非常了解数字图书馆的业务内容、部署与数字图书馆用户服务的运作情况，可以真切地感受、体会到服务素质的优劣、工作质量的高低、用户对服务的满意程度。同时，管理者自身评价还可以作为一种平衡艺术，把一些在其他评价指标中难以精确反映的工作绩效体现出来，以某种定性方式弥补现行定量评价的缺陷，并能够以内部管理层的行政权力保障服务评价得到有力的推行，但缺点是数字图书馆管理者对数字图书馆用户服务的评价是一种"自我评价"，有主观随意性和走过场的可能性，甚至有可能为了自身利益而出现护短行为。

选择用户作为服务评价的主体的好处是用户作为社会公众具有广泛的代表性，可以按照社会公众的主观需求、愿望、价值观，根据社会公众对数字图书馆用户服务效果的满意度来进行评价，以充分考察数字图书馆用户服务对用户需求的满足程度和用户对服务的满意度，体现了对用户负责的责任机制，蕴含着以用户需求为导向的服务管理理念，缺点在于评价者的有限性与评价者的身份很难确认，并且普通用户不具备良好的评价技能，导致其很难独自完成这项任务。

由第三方机构对数字图书馆用户服务进行评价在国际上是比较通行的做法。当前，第三方评价已经发展至较为成熟的水平，表现出非常鲜明的智力优势,具有较强的专业性与独立性,它们参与对数字图书馆用户服务的评价中,相较而言就比数字图书馆管理者自身的评价要客观得多。然而,纯粹的第三方机构评价没有强大的权力的支持,导致其在进行数字图书馆用户服务评价的过程中不具备必需的力量,甚至有很多涉及图书馆内部指标的信息,第三方机构难以客观地获取。

因此,数字图书馆用户服务评价的主体的选择一定应当是多元化的。就评价的主导者和实施者而言,数字图书馆用户服务评价可以由数字图书馆管理者以及第三方机构来主导、实施;就评价的参与者而言,数字图书馆管理者、第三方机构以及用户都是其重要的参与者。从总体的层面来说,数字图书馆用户服务评价各主体可以建立合作关系,相互渗透,各主体不是彼此割裂、毫无关联的。对于不同层次的数字图书馆用户服务评价来说,不同评价主体在评价中占据的地位是不同的,存在着主导者和参与者的区别。数字图书馆管理者能够主导、参与任何形式的数字图书馆用户服务评价,当前,我国关于数字图书馆内部运行的服务评价系统以及数字图书馆建设项目的绩效评价等都需要由数字图书馆管理者来主导和实施,因为这类服务评价需要数字图书馆内部的有力支持。第三方机构可以成为各种形式评价的参与者。用户一般主要承担评价参与者的角色,但是这种参与对于任何形式的数字图书馆用户服务评价而言都是必要的。在数字图书馆用户服务评价实施过程中,应该在保证有效领导和各主体协调的同时,充分发挥不同评价主体的作用,争取更多评价主体的参与。特别是应该重点加强第三方机构在数字图书馆用户服务评价中所发挥的作用,需要探索评价体系中数字图书馆管理者与第三方机构之间的新型合作模式,这也是我国数字图书馆用户服务评价体系建设的重点之一。

三、数字图书馆用户服务评价的流程

根据图书馆用户服务评价的常见思路与各级公共图书馆主导的数字图书馆的实际情况,数字图书馆用户服务评价的流程大体能够被划分成计划、实施、报告和后续四个阶段。

（一）计划阶段

制定计划是数字图书馆用户服务评价工作开展的首要阶段。此阶段的任务主要是明确评价的目的、获取相关评价授权、组建评价小组，并开展初步调查和协商工作，制定出具体评价操作方案等。评价的目的应当契合数字图书馆用户服务的实质，以有效推动用户服务工作发展为核心进行确定。在获取相关评价授权方面，可以根据不同的评价目的来采取措施。通常来说，从评价需求的角度来看，数字图书馆用户服务评价包括两种不同的形式，即自我评价与外在评价。自我评价只需数字图书馆管理部门认同并能够施行，而外在评价更多是出于上级或投资主体等的需求，其评价申请往往由外部力量如主管机构、用户代表等提出，需要提出申请并获得相应的授权才可以开展相关评价工作。在组建评价小组方面，由于数字图书馆涉及的利益相关者较多，其评价小组的构成来源宜多元化，既要有上级主管机构及委托人的参与，同时也需要有数字图书馆的工作人员及服务的对象——用户代表的参加。另外，数字图书馆用户服务评价是一项复杂的社会工作，它还需要必要的调查研究，应通过调查工作大致了解与被评价对象的政策和目标、主要服务活动、主要资源、影响服务效果的主要风险等，借以确定评价目标、范围、方法、程序等。在此过程中，评价人员需要和评价对象展开充分的协商，聆听被评价对象的想法或建议，最后依据上述调查的具体情况，制定出详细的、可操作的评价执行方案，如评价范围、重点、步骤、方法、标准、人员配备、时间进度安排等内容。

（二）实施阶段

此阶段，评价人员根据评价执行方案对被评价的数字图书馆用户服务的经济性、效率性、效果性、公平性、时效性等及相关测量要素进行评价，并形成初步评价意见。具体工作内容包括两个方面：一是收集并整理各项评价依据。评价工作人员通过采用相应的收集方法获取数字图书馆用户服务评价所需要的各项依据，并对这些依据展开准确的鉴定和充分的整理。二是对评价工作的底稿进行编写和审核。评价人员在收集证据后，如果发现被评价单位存在服务效率低下的行为以及对评价结论有重要影响的评价事项，应当编写评价工作底稿。编写工作底稿的目的主要是对发现的问题展开分析、探索与评价。在编写好评价工作底稿以后，通常由评价小组组长或由其委托有资格的评价人员进行复核，确保评价事实清晰、评价证据充分、分析客观等，为评价报告撰写奠定基础。

（三）报告阶段

报告阶段的重点任务在于得出科学、准确的评价结论并形成全面的、成熟的评价报告。首先，在评价小组对评价依据与工作底稿展开评价的前提下，在广泛、深入的讨论后撰写出真实简洁、有理有据的数字图书馆用户服务评价报告初稿。其次，与被评价的数字图书馆管理和服务部门交流沟通，充分征求被评价方及委托单位的意见。细致地聆听被评价单位的意见也十分重要，这是因为这些意见不但能够为评价人员判断评价结论与评价建议的客观性、准确性和可操作性提供重要的参考，而且也是尽力取得被评价单位认同和支持的有效路径。最后，对评价报告进行修改，定稿并提交评价报告。根据反馈的意见或建议，修改和完善评价报告，并向委托方提交报告定稿。

（四）后续阶段

后续阶段也可以称作后续监督，该阶段的工作主要旨在推进数字图书馆以评价报告为依据对工作展开改进与优化，使用户获得更加优质的服务，并精简凝练地总结评价工作。具体内容主要反映在两个方面：一是检测被评价的数字图书馆是否依据评价报告提供的建议采取合理的举措，并对实施效果展开追踪评价；二是对数字图书馆用户服务评价活动进行总结和评价，从而便于未来深入做好该方面的工作。[①]

四、数字图书馆用户服务评价的方法

（一）要素分析法

要素分析法是图书馆用户服务评价的一种重要方法，美国著名图书馆

---

① 梁孟华，吕元智，王玉良．基于用户交互的数字图书馆服务评价模型与实证研究[M]．上海：上海世界图书出版公司，2019：145．

学家 F.W. 兰开斯特曾在其著作《图书馆服务的衡量与评价》中使用要素分析法进行图书馆用户服务评价。该方法同时适用于数字图书馆的用户服务评价。在评价时，应当立足于影响图书馆服务的关键构成要素，如藏书、目录、设备等，对这些要素进行全面系统分析。要素分析法具有较强的科学性和可行性，对数字图书馆用户服务评价产生了深远影响。众多图书馆曾积极采用要素分析法进行自身服务工作的评价活动。

（二）定量评价法

在数字图书馆用户服务评价中，定量评价法主要应用在两个方面：一是广泛运用于评价数据材料的收集中，二是主要运用于对大量材料的剖析处理上。数字图书馆用户服务评价是一项较为繁复的活动，因为有人的介入，所以必然会存在着评价的偏差。因此，应当广泛地收集丰富、详尽的材料，如此才可以为数字图书馆用户服务评价的组织奠定良好的基础。而要收集相关评价材料，就要利用统计法、观察法等定量评价法，因为用定量方法收集到的材料数据更具说服力。收集完材料以后，在实际评价阶段应当对材料进行分析处理，并在此基础上准确客观地评估评价对象。这时也需要较为广泛地运用定量方法。这是由于相较于定性方法，运用定量方法处理材料会更加准确。值得注意的是，运用定量评价法对图书馆用户服务进行评价并不意味着要抛弃定性评价法。定量评价法不能单独使用，它应与定性评价法结合使用，这样才能得出切合实际的结论。只不过在定性、定量这两种评价方法中，定量方法明显居于主导地位。

在数字图书馆用户服务评价中，一般对一些客观因素更多地使用定量评价法，比如图书馆用户服务的基本条件、服务的内容和形式、频次等都可以进行量化分析，实现定量评价。目前对于图书馆用户服务效果这一部分，还较少应用定量评价法。这与数字图书馆用户服务效果的潜在性、模糊性、长期性有关。

（三）标准检测法

标准检测法是一种综合性评估方法，它运用各种公开的信息服务工作标准、条例、准则等来衡量某一具体的数字图书馆用户服务工作，找出某一具体数字图书馆用户服务实践活动与标准要求之间的差距，并在这一基础上提出改良的方法。运用标准检测法的前提是被评价的数字图书馆应具备可行性较强的数字图书馆用户服务标准，不然就无所谓标准检测法的使用。若是评价标准与数字图书馆的实际情况并不吻合，或者具有不科学的元素，标准检测法的效用也难以实现。

  作为数字图书馆用户服务评价的一种方法，标准检测法目前应用的普及程度远远比不上前两种方法。究其原因，主要是图书馆界普遍认为目前尚缺乏真正可以作为一种尺度的标准。[1]

---

[1] 张树华，王京山，刘录茵，等.数字时代的图书馆信息服务[M].北京：北京图书馆出版社，2005：212.

第五章
数字化时代不同类型图书馆的建设与发展

伴随数字化时代的到来,各种性质的图书馆都在建设自己的数字图书馆。这些不同类型的数字图书馆需要经过不断的建设与发展,才能够形成较为健全的体系,为用户提供良好的服务。基于此,本章即对数字化时代不同类型图书馆的建设与发展进行深入、全面的探讨。

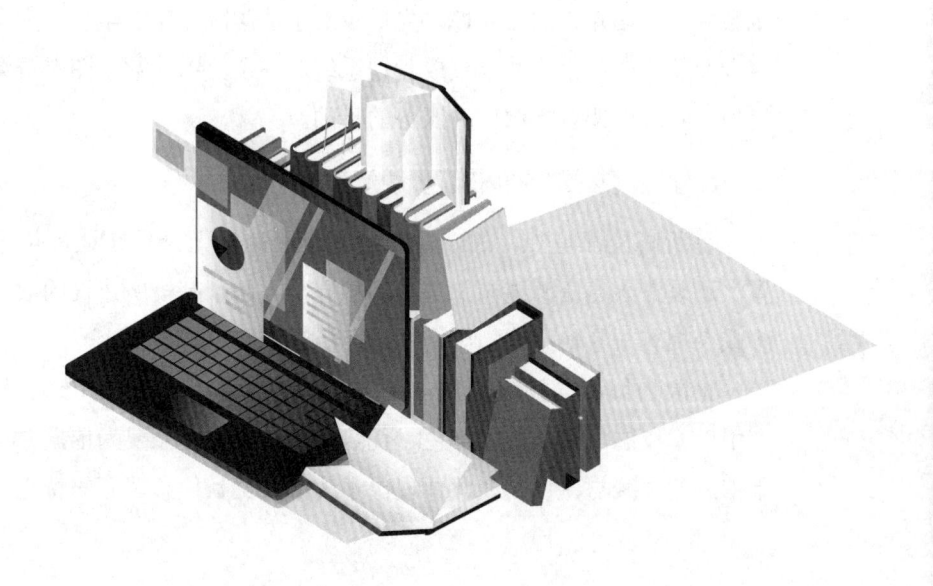

第一节　高校数字图书馆的建设与发展研究

一、高校数字图书馆特色资源的建设

(一)高校数字图书馆特色资源建设的必要性

1.建设高校数字图书馆需要特色资源

对高校来说,数字图书馆的建设将大大提高教学的效率,助力高校科研的发展,对高校培养创新型人才能起到推动作用。高校建设数字图书馆需要瞄准数字图书馆在信息文献查阅方面的优势,也就是要让读者无论在什么时间、什么地点都可以查找自己想要的资料。一所高校所拥有的数字图书馆规模在很大程度上反映了高校数字图书资源的拥有量。其中,高校数字图书馆特色资源拥有量,能在一定程度上体现和衡量高校在新的历史发展时期的价值。例如,清华大学在建设世界一流大学的过程中积极推进数字图书馆建设,将研究型、数字化和开放文明的数字图书馆建设理念融入建设之中,注重数字图书馆建设的专业性,先后设立了法学院、建筑学院、人文学院等具有专业特色的分馆,并以集成管理系统对各个分馆的数字图书资源进行统一管理,实现向读者提供优质服务的目的。

2.建设高校数字图书馆必须建设特色资源

每所高校都是独特的,这是因为各所高校无论是在地理位置、学科设置,还是在人力资源结构上都各不相同,因此,高校所建设的数字图书馆或多或少拥有与其他高校相区别的特色资源。

正因为每所高校都是独一无二的,才要求高校在建设数字图书馆的过程中以本校的学生、办学特色、优势专业以及实际需要为依据,加强重点文献信息的收藏与建设,以此体现出本校馆藏文献信息资源的特色。特色资源并不完全依靠从校外收集，其实本校的教师、教授的学术著作、教材讲义和本校开展的学术会议材料，以及硕士、博士研究生的研究成果和学术论文都可以作为学校数字图书馆的特色资源。这些资源因是在校内完成而具有很高的独特性，在高校数字图书馆建设过程中必然是无法忽视的内容。例如，在北京大学数字图书馆的"文献资源"板块中，既可以找到"特色资源"栏目，读者可以在这一栏目下找到北京大学特有的资源，如"晚清民国文献""北大讲座""李政道图书馆"等，也可以找到北京大学学生的研究成果，如"北大学位论文""北大博文""博后研究报告"等。

3.特色资源建设使数字图书馆特色馆藏成为必然

高校数字图书馆的特色资源并不局限于某个方面，而是在各个方面都有体现。高校数字图书馆的馆藏特色能够将图书馆的办馆特色充分体现出来，以便为高校数字图书馆特色服务工作的开展提供保障。高校应当投入更大的力度建设特色数字图书馆馆藏资源，第一步就应该完成各种馆藏资源的数据建设，为便捷化检索打下基础。一些大学已经完成了馆藏资源的数据建设，并能够通过"电子资源整合"功能，为读者提供各种数字化资源的检索服务。此外，针对本校特有的学位论文或专题数据，应该做好版权的保护，并与其他单位建立合作，实现资源共享，最大限度发挥这些特色馆藏资源的价值。

时代在发展，科学技术水平日新月异，传统图书馆提供的服务已经无法满足用户的需求了，传统图书馆主要以印刷型文献为基础开展各项阅读服务，这种服务方式受到时间、空间制约的可能性很大，因而在服务质量和效率方面难以满足今天人们对知识检索的需求。所以，开展数字图书馆服务顺应时代发展的需要。数字图书馆提供个性化服务需要以特色资源建设为支撑，并且呈现出高度的共享性，在便捷的网络的支撑下，文献的检索、传递与存储变得十分简单，读者只需要轻轻敲击鼠标便能获得海量的检索结果。由于如今用户检索文献信息的需求各不相同，也就产生了数字图书馆的个性化服务。这种个性化服务能够最大限度地满足读者对信息检索的差异化需求，帮助数字图书馆更好地开发具有特色的数字资源。特色资源建设同时能够满足体现馆藏文献信息资源特色、用户个性化文献信息获取、资源共享等需要。一些大学的数字图书馆在比较显眼的位置为用户提供了使用指南，其中包含针对不同的读者群体的使用方法指导。有的大学图书馆已经利用Web2.0技术来开发个性化主页，这帮助用户实现了图书馆主页个人端设置的个性化，也就是说，用户能像在智能手机上安装应用程序那样，对个人图书馆主页上的各个栏目进行增删或移动。使用Web2.0技术开发图书馆主页的优势是显而易见的，在Web2.0技术的支持下，栏目信息的更新实现了自动化，这能帮助用户及时获取图书馆的最新信息。

总的来说，各高校应该充分把握自身性质、任务、条件和读者需求建设数字图书馆，将自身馆藏资源特色凸显出来，制定一个长期的资源建设方案，逐步完成数字图书馆特色资源的整体建设，做好各具特色的数字资源整合，以便实现特色资源对不同学科的全面覆盖，更好地满足用户的需求，以使数字图书馆的个性化服务迈向更高的台阶。

（二）高校数字图书馆特色资源建设的类型

要想优化高校数字图书馆特色资源建设，就要先对高校图书馆特色馆藏的主题分布情况进行分析，这不仅有助于了解图书馆特色资源情况，而且还能作为一种范例提供给其他高校用作参考。高校图书馆特色馆藏资源涵盖的范围较大，主要可以分为学科特色资源、学校特色资源、多媒体资源、地方特色资源、外部资源、网络导航库、专题网站等。

1.学科特色资源

一所高校发展的动力主要来源于其拥有的特色学科，而高校数字图书馆服务于高校教学和科研工作，具有学科特色的馆藏资源能够在很大程度上助力于高校特色学科的发展，进而带动整个高校的发展。从类型上看，高校数字图书馆大致拥有两类学科特色资源：一类以学科专题数据库的形式存在，如清华大学图书馆的"建筑数字图书馆"、北京邮电大学图书馆的"邮电通信专题文献数据库"、中国海洋大学图书馆的"海洋文献数据库"等；另一类以学科导航的形式存在，如上海交通大学的lipguides平台、四川大学图书馆的"中国语言文学网络资源导航库"、中南大学图书馆的"重点学科导航"等。

2.学校特色资源

学校特色资源也就是主要来源于本校师生的一些具有学习和研究价值的内容，将它们进行收集整理，就形成了具有本校特色的文献资源。学校特色资源由五个方面组成：一是本校师生撰写的学术著作、论文，如清华大学图书馆的"清华文库"、中国人民大学图书馆的"教师成果库"等；二是本校专家教授在本校举行的学术演讲的演讲稿，如北京大学图书馆的"北大讲座"栏目；三是硕士、博士学位论文；四是学校出版社出版的学术性文献、年鉴、学校校志，如各个大学图书馆出版的学报；五是由高校图书馆编辑的出版物，如北京邮电大学图书馆的馆内刊物等。

3.多媒体资源

多媒体资源也是高校数字图书馆特色馆藏资源的一部分，在这部分资源中又以光盘数据库占主导，一些大学的图书馆已经通过技术手段实现了附书光盘的数字化，并将这些数字化的多媒体资源储存于网络服务器，用户在需要的时候便能够通过网络途径在线阅览，这是资源共享的进步。此外，高校数字图书馆多媒体资源的形式丰富多样，如清华大学图书馆的"音视频资源库"、中国人民大学图书馆的"缩微资源"、中国科学技术大学图书馆的"VOD视频点播平台"、东北林业大学图书馆的"多媒体资源数据库"、兰州大学图书馆的"影像资料数据库"等。

4.地方特色资源

高校数字图书馆中的地方特色资源主要由两部分组成：一部分文献与地方性专业、学科需求有关，另一部分则是广泛记录地方信息的文献资料，可以说只要是记录了某个地区以往和当下政治、文化、经济、地理、历史名人事件、风土民俗等方面内容的书刊文献，都可以称作地方文献。例如，北京大学图书馆的"北京历史地理"、海南大学图书馆的"海南旅游资源库"、四川大学图书馆的"巴蜀文化特色库"、合肥工业大学图书馆的"陈独秀特色数据库"、内蒙古大学图书馆的"蒙古学特色库"、安徽大学图书馆的"徽学论文全文数据库"、南昌大学图书馆的"红色江西特色数据库"、西南交通大学图书馆的"峨眉山世界自然与文化遗产特色数据库"、兰州大学图书馆的"敦煌学数字图书馆"、宁夏大学图书馆的"西夏文化数据库"等。

5. 外部资源

外部资源指的是非由本高校图书馆自己建设，而是在相关协议支持下实现的跨单位资源共享，这种外部资源在高校数字图书馆特色资源建设中的呈现形式也是多种多样的，如使用CALIS、JALIS等系统实现资源的跨单位共享。CALIS作为一种文献保障系统，能够实现资源检索的集中化，并衍生出众多有特色的专题中心资源库，如"CALIS专题特色数据库中心网站""CALIS联合目录查询""CALIS重点学科导航库"等，很多高校图书馆（如兰州大学图书馆、北京邮电大学图书馆、吉林大学图书馆等）的网站都能够通过CALIS系统进行文献检索；JALIS文献保障系统也在各个高校有所应用，如河海大学图书馆的"JALIS重点学科导航系统"、南京师范大学图书馆的"JALIS教材及教参数据库"和"JALIS教育学文献中心"等。除了以上两种系统外，还有南京理工大学图书馆的"城东高校联合体"、四川大学图书馆的"高等学校中英文图书数字化国际合作计划"、中国科学技术大学图书馆的"NSTL资源整合检索平台"和"国防科技信息服务系统"等。

6. 网络导航库

网络导航库主要有三种类型：其一，本校学科导航。用户通过该网络导航库能够查找本校各个学科的信息，了解本校的重点学科，如四川农业大学图书馆的"四川农大重点学科导航库"。其二，各类期刊与网络资源导航。这些导航库能够为用户提供所需要的资源指引，如网址、产业、学术期刊、学科网络资源导航等。其三，各类高校项目合作组织资源导航，如中国药科大学图书馆的"JALIS重点学科导航库——生药学及中药学"、云南大学图书馆的"CALIS导航库"和西北工业大学图书馆的"CALIS重点学科网络资源导航库"等。

7. 专题网站

专题网站是高校数字图书馆中专门提供某一专题类型特色资源的网

站，用户访问这些专题网站能够十分便捷地获取该领域的知识。这种专题网站主要包括北京交通大学图书馆的"数字铁路博览馆"、中国人民大学图书馆的"经济学知识门户"、重庆大学图书馆的"西部轻合金信息网"、内蒙古大学图书馆的"蒙古学信息网"、东北林业大学图书馆的"冷泉港实验室中文网站"、中国科学技术大学图书馆的"火灾科学学术资源网"、武汉理工大学图书馆的"信息技术学科信息门户"和"交通运输学科信息门户"等。

（三）高校数字图书馆特色资源建设的方法

1.坚持特色资源的实用性和原则性

高校数字图书馆的数据库不仅具有高度的实用性，而且应当体现出鲜明的特色。高校在建设数字图书馆特色数据库的过程中，就应该考虑如何将自身的特色彰显出来。高校数字图书馆在确定数据库建设的选题时，要充分考虑数据库与当前学科资源前沿的距离，考虑其建设是否具有一定的价值，并且还要考虑能否保证其一直保持特色，更重要的是，数据库的建设是否能够为某一学科的科研发展起到填补空白的作用并对社会造成一定的影响。

2.特色资源建设的资金投入应加大，提高宣传推广的力度

如今，各所高校图书馆都在投入资金购买数据库，而高校对特色资源库建设投入的力度相对有限。特色馆藏具有稀缺性、排他性和学术独特性的特点。通常来讲，建设具有鲜明特色的馆藏资源系统是实现馆藏资源充分、合理配置，提高资源利用效率的前提条件。但这需要大量的资金投入和后续费用的维持。所以，高校图书馆应当充分发挥馆藏特色资源的利用价值，实现馆际互借和网上信息资源的共享和共存互补，充分发挥图书馆信息服务的整体效应，扩大特色资源的宣传和推广服务工作，使越来越多的人了解特色资源、使用特色资源，从根本上达到使数字图书馆服务读者的目的。

高校人才培养有自己的特点，在馆藏建设的过程中就应该根据这些特点进行安排，将过去的经验教训利用起来，在了解高校实际情况的基础上充分争取学校管理层的支持，然后制定符合实际的文献信息资源建设规划。这个建设规划还应该纳入学校的整体发展规划之中，这样学校也会从战略层面

给予该建设规划更多的资金支持，这也是高校数字图书馆特色资源建设中必不可少的一个方面。在经过一段时间的建设之后，高校的原生文献资源才能在结构上更加完善合理，才能体现出自身的实用价值，才能更好地满足教学与研究的需要。

3.加强民族文献的收集和整理，加强民族文献特色数据库的建设

民族高校图书馆需要依赖资源共享平台实现特色馆藏数字化的建设，然而，就目前的实际情况来看，CALIS的重点学科专题数据库的建设还只是在少数高校进行，例如，内蒙古大学的蒙古学特色数据库是CALIS项目资助的特色数据库之一，在蒙古学的建设与揭示方面具有一定的学科导航意义。此外，西南民族大学、中南民族大学对民族网站做了相关链接，吉首大学对海外中国学网站做了链接。但是，从整体层面上来看，大都欠缺对网上动态信息资源的追踪、评价和揭晓。所以，民族高校图书馆要遵照CALIS的技术标准与规范，选择一个合适的信息加工平台（提供全文检索的支持），加强与联盟馆的协调与合作，用统一的标准建设有所分工、各具特色的数字资源库，真正实现信息资源共建、共知、共享。①

二、高校数字图书馆服务建设

（一）高校数字图书馆服务建设的意义

高校数字图书馆的用户为了拓展自身的专业知识，开拓自身的眼界，需要充分而丰富的信息资源。资源的内容要准确、专业，并具有较强的综合性，图书馆要能够提供专业的资源服务。传统意义上，高校图书馆开展的信息服务以群体化服务为主，以适应大众的需求，但在服务方式与服务内容方面却相对单一，已经不能满足广大用户的需求。在数字化时代，高校图书馆用户需求表现出新的特点，基于数字化时代的高校数字图书馆用户服务建设的意义有以下几点：

---

① 牛世建. 高校数字图书馆建设研究[M].延吉：延边大学出版社，2019：151.

1.满足用户的个性化需求

数字化时代的特点使得人们的个性被摆在更为突出的位置，人们希望自己的需求、选择得到重视。为了充分满足广大用户的个性化需求，高校数字图书馆的服务建设可以以用户的个体差异为依据，根据用户的性格、兴趣、职业等为其提供对应的信息资源与个性化服务。

2.提供多元化服务

数字化时代的鲜明特征在于其具有高度的开放性与融合性，高校数字图书馆用户对其服务也提出了更高的要求，要求高校数字图书馆提供更加多元的服务内容与服务方式。高校数字图书馆应在服务方式和服务内容方面都进行丰富和创新，用户的学科背景应成为高校数字图书馆提供各种资源和服务的参考依据，以此为基础，用户便能够获得不同载体、不同语种的文献服务。

3.提供"懒人化"的资源利用方式

人们更倾向于选择便利易用的信息服务方式，即"懒人化"的资源利用方式。互联网的快速发展以及专门收集信息的机构日趋成熟为人们获取信息增添了渠道，使得人们不再局限于单一的信息获取方式，人们在考虑是否使用一件物品时首先考虑的便是其便利性，之后才会思索其质量与可靠性。同样，若是信息获取的难度高于对信息的使用，那么这类信息很可能会无人问津。数字技术的出现为高校图书馆的资源服务和创新服务带来了更大的可能，用户不再耗费大量的时间并依靠烦琐的程序去获得自己想要的资料，而是能够更加便捷地获取自己需要的文献信息。

4.提供专深化的资源服务

在校学生和教师是高校数字图书馆的主要用户群体，他们的学习和工作需要，要求数字图书馆在提供基本的借阅与检索服务之外，提供更加专业化的服务，准确来说，经过加工处理的整合化信息资源、学术动态与学术趋势分析才是他们最希望数字图书馆提供的，因此专深化是高校数字图书馆用户信息资源需求的重要特点。随着新兴技术的不断进步与知识服务的持续优化，高校数字图书馆可以向广大用户提供针对性更强、经过充分加工的信息知识。

5.满足用户的即时化信息需求

在数字化时代，信息的更新与替换都异常迅速。由于高校数字图书馆用户在进行学习或科研时都有着即时化的信息需求，即需要最新的学术动态与学科发展前沿的信息。建立在物联网和云计算等新兴技术基础上的高校数字图书馆服务建设能够满足用户的这一需求，为用户提供最新的信息。

（二）高校数字图书馆服务建设的内容

联系数字化时代的内涵与高校数字图书馆服务建设的理念，高校数字图书馆服务建设的内容主要是基于新信息技术的服务创新、基于空间的服务创新和基于知识的服务创新，它们共同构建了高校数字图书馆的服务建设体系。

1.数据分析与挖掘服务

在数字化时代，用户的信息素养越来越高，对信息的数量与质量的要求也不断提高，因此也对图书馆产生了更新、更高的服务要求。图书馆应迎合用户的需求做出相应的服务策略转变，从大量的数据中分析、挖掘潜在的价值，这将使服务范围、方式、对象、目的等发生巨大的变化，需要据之制定新的服务方案、策略。

与此同时，图书馆的传统业务将向数据分析、数据挖掘方向转移，对大量数据的分析与处理将成为图书馆的主要业务，为社会机构如政府、企业提供一定的数据分析服务、数据挖掘服务将会成为数字化时代图书馆的常态服务内容。

2.知识服务

知识服务是数字图书馆以用户当前身处的信息环境与信息需求为基础，将已有知识资源、信息产品或知识设备进行充分利用，通过对知识进行搜集、整理、分析与整合，为用户提供符合其需求的知识产品与服务。知识服务是全方位、系统化的，它深入到用户解决问题的整个过程中，服务于知识内容、用户目标和解决方案，是基于分布式多样化动态资源的系统服务，具有专业化、个性化、泛在化、集成化以及全过程一体化的特征。而基于知识服务的创新，主要是指在新信息环境下针对高校数字图书馆用户的新需求进行的知识服务优化和创新。高校数字图书馆的用户主要是学生与老师，为了满足自身学习与科研的需求，其对知识服务也有更加强烈的需求，追求知识服务的全面与专业。优化与革新知识服务是提升高校数字图书馆服务质量的关键。

3.移动服务

当前，移动设备将成为获取信息内容、服务的主要渠道。依托无线网络、互联网和多媒体技术，人们可在任何时间、地点方便灵活地获取图书馆服务。如今，国内许多高校数字图书馆都提供了优质的移动服务。应当说，移动数字图书馆的兴起与发展真正实现了将数字出版技术、新媒体技术和硬件设备进行完美结合，有效地解决了数字图书馆的广泛应用及推广问题，将成为国内外图书馆界所关注和发展的热点与重点。

4.协同服务

如今，图书馆服务更加注重精细与专业。单一图书馆凭借着自身有限的资源与力量难以充分满足用户多元化的需求。各数字图书馆可以通过协同服务打破资源（人、财、物、信息、流程等）方面的各种壁垒和边界，提高数字图书馆资源利用效率和服务质量。

5.数据监管服务

数据监管是为了保障数据的用途，并且可以用于将来再发现与再利用，在数据产生初期便对其实施管理与完善的活动。借助这项服务，研究者可以发现数据、检索数据、保证数据质量、增加数据价值，随时可调取数据。

（三）高校数字图书馆服务建设的方法

高校数字图书馆服务建设应当充分联系各所高校专业设置的实际，基于实际情况来建设用户需要的服务。高校数字图书馆服务建设的方法主要包括下列几种：

1.基于原有的服务进行优化改造

高校在建设数字图书馆服务之前就已经提供着一些服务了，如何将这些服务进行改造升级是高校数字图书馆建设应该考虑的一个问题。进行原有服务的改造是为了让高校数字图书馆原有的服务更加适应当下图书馆发展理念与需求变化的实际，使高校图书馆在优化提升原有服务的基础上拓宽自身的服务范围，在高效利用图书馆文献信息资源的同时，最大限度地将图书馆的运营成本降到更低的水平。

2.应用新技术，拓展新服务

随着时代的发展，新的技术和服务形式在不断产生，从这些新技术、新服务中挑选出可利用于高校图书馆的部分，这样便能给高校图书馆带来更多新的服务。例如，采用新的服务设备和终端、引进云计算等新技术、结合移动网络技术的发展拓展移动图书馆新功能等。有了新技术的加持，高校数字图书馆才能构建起立体化、互联化、智能化、全面感知的智慧服务。

基于物联网与云计算的高校数字图书馆服务建设集中体现着数字化时代发展理念。新信息技术的发展使高校数字图书馆服务方式与内容的构建获得了高度的支持，合理运用新技术有助于完善高校数字图书馆服务建设。

3.寻求合作，实现效益最大化和最优化

与其他图书馆或者第三方合作机构进行合作联盟，这种方法基于高校图书馆现有的资源、技术和服务，能够有效整合馆内外资源，弥补自身不足。高校图书馆通过开展与利益相关者的有效合作，寻求图书馆服务的效益最大化和最优化。[1]

三、高校数字图书馆未来发展方向

（一）数字图书馆资源建设的未来发展方向

1.从数字资源整合走向数字资源聚合

"数字资源整合"是把不同来源的异构数据库的数字资源进行优化组

---

[1] 程显静.图书馆建设与发展研究[M].北京：华龄出版社，2018：142.

合的过程，即把各个相对独立的数字资源（库）结合为一个新的有机整体，清除冗余信息，减少内容重复，链接一次文献与二次文献等。由于数字资源越来越呈现出海量、非结构化、多类型的特征，上述整合方法已难以满足实际的需求。

"数字资源聚合"区别于传统的一次文献与二次文献链接，使用目录库方式实现资源的整合，目的在于凭借信息单元之间的语义关联，构建一个在内容上有着广泛联系并能够体现出多种不同的层次与维度的资源系统，这个资源系统中包含着多种多样的学科内容、概念主题与科研对象实体，形成了知识网络的立体化。更进一步的聚合则是以知识广度关联和基于语义揭示实现多维聚合组织，由关注"本体"等特定领域的应用研究，转向关注知识间"等同""等级""相关"等逻辑层面的联系。

2. 开放学术资源已成为学术研究不可或缺的资源

开放获取出版者的增加、出版模式的创新、机构知识库对学术资源开放获取的促进以及科研人员和科研资助机构对开放学术资源的支持，推动了开放学术资源的快速发展，开放获取期刊与开放获取论文的数量快速增多，开放获取期刊的影响力越来越大，传统期刊出版商积极、主动力求打入开放获取市场，研究机构共同推动国际高能物理开放出版计划（SCOAP3）转换开放模式（将文献采购费转换为开放出版服务费，将高能物理领域高水平论文全部实行开放出版，同时取消订购费和论文处理费）。

3. 科学研究数据成为高校数字图书馆关注热点

信息技术与数字技术的广泛运用促使可获取的各类数据呈现爆炸式增长。使用计算机分析总结相关数据能够获取通过实验、理论研究与数字模拟难以获取的成果，推动着数据密集型科学研究的出现，亦即科学研究的第四范式的出现。服务于教学科研的高校图书馆也由此开始密切关注科学数据，并尝试着收集、组织和开发利用服务于新时代的研究范式。

4. 纸本馆藏的共享/协调管理

联机计算机图书馆中心（OCLC）通过研究纸本馆藏的动态变化、图书馆参与研究和学习的行为以及学术交流的发展趋势，预计图书馆馆藏资源的关注重点、边界及其价值变化。图书馆从关注本地馆藏和服务转向对基础设施建设的合作、集合馆藏、共享技术平台以及超越机构的管理策略。根据OCLC的预测，现有分布在众多图书馆的纸本馆藏将有很大一部分在几年之内进入共享或协调管理。

（二）数字图书馆技术与系统的未来发展方向

1.逐步放弃传统的集成管理系统，采用基于云服务的管理系统

目前，许多机构已经开始将数据、系统、软件架设在云端，逐步取消了自己在本地维护的做法，并且云服务机制提供服务的做法也让包括图书馆在内的各种机构体验到了好处。云服务不仅缩减了图书馆运用与运营的资金，还有利于海量数据通过网络规模被便捷地集成。没有网络云服务的支持，一种孤立的系统是无法获得人们的广泛关注和使用的，也就没有办法为其带来收益。这其中的道理远非技术模式转移那么简单，更深层次体现的是将建设和发展的重心由技术转至服务。OCLC的云服务愿景是面向图书馆的网络（Web-Scale）管理服务，图书馆使用网络化服务就能做到对资源的综合管理、采购许可管理、虚拟本地目录等，让后台管理在网络化云服务中实现，这样既减轻了图书馆管理的成本，又让图书馆能够腾出手来专心为用户提供个性化服务。

"数字图书馆联盟基础服务云"将是未来各类数字图书馆联盟的共同的基础性平台，由各联盟成员共同承担其费用。这个平台通过整合联盟成员或联盟外的各种资源向联盟成员提供云服务，嵌入本地数字图书馆体系，提升成员的能力。

2.新一代图书馆服务系统崭露头角

由于数字资源愈发丰富，读者的需求与行为也出现了较为显著的变化，远程访问与移动阅读已经非常常见。全媒体时代，传统图书馆自动化系统本身的局限性让它无法完成对各种类型馆藏的全面管理，更无法管理数字资源生命周期内的整个业务流程。"新一代图书馆服务系统"在原有图书馆业务与服务的基础上进行了升级，不仅囊括了现存以纸质文献为主要内容的馆藏，还在资源管理上大大提升了一个层次，各种介质、各种形式的资源都

能得到良好的管理，并具有完整的业务流程管理能力和强大的资源发现能力。从技术上看，其特点是采用面向服务的架构（SOA）和云计算技术。

3.关联数据在图书馆的应用越发广泛

国外已有不少图书馆和项目将图书馆资源发布成关联数据，如 OCLC 利用 SRU 服务向 VIAF 提供关联数据，WorldCat.org 书目元数据也提供关联数据。关联数据的使用能够带来更多的信息资源，让语义检索与数据融合成为可能，帮助图书馆更好地利用信息资源提供各项服务，将图书馆的信息资源与网络上的资源连接起来，提高图书馆的可见度和价值。[1]

第二节　公共数字图书馆的建设与发展研究

一、公共数字图书馆特色资源的建设

（一）公共数字图书馆特色资源建设的类型

1.地方文献特色数据库

地方文献特色数据库是指有关本地有历史价值或参考价值的资料的数据库，由史料、人物、出版三个部分组成。史料的涵盖范围较广，年鉴、家谱、史志、族谱等都是其构成部分，如国家图书馆建立的"敦煌文献""西夏文献""地方志"以及山西图书馆建立的"山西家谱"等就属于此类数据库。反映人物的数据库不仅包括当地的古今名人，也包括对当地有影响的人物；不仅有以个体为对象建立的数据库，也有以团体为对象建立的数据库，如常熟图书馆建立的"古代名人""近代名人""现代名人""金曾豪文学数据库"。出版主要指为反映地方的图书、期刊、报纸而建立的数据

---

[1] 韩永进.中国图书馆事业发展报告：数字图书馆卷[M].北京：国家图书馆出版社，2017：151.

库,如哈尔滨图书馆建立的"馆藏哈尔滨地方文摘""建国前报纸全文数据库""中东铁路画册数据库"。公共图书馆作为地方文献信息中心,拥有大量的地方文献,这是目前公共图书馆特色数据库建设的主体。一些图书馆把地方文献转化成全文数据库,一些图书馆仅建成文献目录。

2. 地方文化特色数据库

地方文化特色数据库指的是将特色文化作为数据报道源头而构建的数据库,它指向某个地区独有的并且发挥着一定影响力的文化,具有地方性、特色性、影响性、价值性等特点,既包括物质文化,也包括精神文化,涵盖历史、文学艺术、风景名胜、土特产乃至风俗习惯、宗教信仰等领域。

3. 专题特色数据库

专题特色数据库指的是为了充分满足特定读者的信息获取需求,依据本地出现过的名人或者历史事件而构建的特色数据。例如,抗日战争时期许多地方留存下了大量具有价值与意义的历史资料,也涌现出了很多为了祖国无私奉献的革命英雄。为了保存珍贵的历史资料并弘扬伟大的民族精神,辽宁图书馆建立了"东北抗战事件库""九一八专题数据库""东北抗战图片库""张学良专题数据库",武汉图书馆建立了"二七工人运动数据库",山东图书馆也建立了"五卅惨案数据库"。另外,也有一些专题特色数据库根据当地的特定事件而建立,如甘肃图书馆建立的"沙尘暴研究专题数据库""甘肃工业发展研究专题数据库"等。

4. 图片、多媒体数据库

图片、多媒体数据库是指以当地遗留下来的珍贵图片、照片等为来源,通过扫描、翻拍等技术制成数字资源以及将当地的视频进行收集整理而建立的数据库,如首都图书馆建立的"古籍插图库""奥林匹克运动会与艺术多媒体资源库""中国人民解放军将帅多媒体资源库"和南京图书馆建立的"古代体育图片库"、湛江图书馆的"多媒体视频点播"等。

5. 经济参考决策数据库

经济参考决策数据库是指支持本地经济、参考决策建立的数据库,如黑龙江图书馆建立的"黑龙江边境贸易"数据库、"黑龙江农业"数据库和常州图书馆建立的"参考消息"数据库、张家港图书馆建立的"决策参考"数据库等。

公共图书馆特色数据库文献类型多种多样，除有图书、期刊、会议录、论文集等，很多特色数据库还包括图片、音频、视频信息，是真正意义上的多媒体数据库。例如，国家图书馆自建的数据库有中文电子图书、博士论文、民国文献、在线讲座、在线展览、甲骨实物与甲骨拓片、敦煌文献、金石拓片、地方志、西夏文献、年画等资源。大多数数据库都提供了文献全文，可直接满足用户获取信息原文的需求。

（二）公共数字图书馆特色资源建设存在的问题

1.数据库内容不够系统完整

如今，许多已经建设完成的公共图书馆特色资源数据库依旧存在着内容不够系统完整的问题，主要问题有以下几点：一是本馆的地方特色资源数据库无法做到与其他同类型数据库在内容上的完美衔接，因而显得较为分散。例如，浙江图书馆虽然建设了较大规模的地方特色资源数据库，但其与同类型数据库之间仍旧没有形成密切的联系。二是对单一的特色资源数据库来说，由于资源信息未实现馆际共享，因而很多大型公共图书馆只能依靠自身拥有的地方特色资源馆藏数据来进行特色资源数据库建设，也就在一定程度上造成了某些方面信息内容的不健全，这种较为单一的建设方式对图书馆特色资源的完整性而言是巨大的挑战。由此可以看出，当前图书馆全文数据库的构建因地方文献书目数据库的不完整而受到很大的影响。三是有些特色资源数据库在资源数字化方面还处于起步阶段，这造成可用数字化资源的数量较少，给用户使用特色资源造成了不小的阻碍，用户只能依靠传统的方式去图书馆亲自查阅文献，而无法直接通过网络检索数字化的各种特色资源。特色资源数据库的建设旨在系统、全面，应当最大程度地、完整地收集有关某个主题的信息资源，让图书馆所收集的本地特色资源能够最大限度地实现全面覆盖，充分发挥特色资源的实际利用价值。

2.特色资源建设队伍问题

近年来，公共数字图书馆在数字资源建设方面不断发力，很多图书馆都是任命专门的团队来进行数字资源的建设。虽然图书馆数字资源建设实现了一定程度上的专门化，但实际上还是缺乏专业性的人才，即使图书馆组建了数字资源建设的队伍，也常因为业务素质、知识能力等方面的问题而造成工作效率的低下。简单来说，图书馆数字资源建设需要的是在图书馆学基础知识方面有良好积累，能够对各种数字化设备进行熟练操作，并能够独立完成数据信息组织和深入分析的人才。因此，图书馆应该做好两方面准备：一方面要引进相关专业人才，另一方面要对现有的人员进行专业知识培训。其中，复合型人才的培养是图书馆人才培养的重要目标。此外，图书馆还要想办法让团队成员之间展开密切合作，做好业务上的安排和工作上的分工，以达到更好的资源建设效果。

3.数据库整体质量不够高

虽然很多数字图书馆都在建设具有地方特色的资源数据库，但这些建设起来的资源数据库却存在质量方面的问题。首先，在选题质量上，一些公共数字图书馆还没有自己完整的选题操作程序，往往只是依靠经验来判断选题是否合理，因而也就造成选题在很大程度上不能体现较强的科学性；有些选题没有很好地把握相关信息的覆盖面及突出地方特色，导致一些数据库的信息资源内容不完善，无法充分反映地方特色；有的数据库之间存在数据的重复问题，如陕西省图书馆的"西部大开发"与重庆图书馆的"西部开发"。其次，在数据源的质量方面，有些数据库在建设过程中没有进行严格的筛选和把关，只要是相关内容就编辑入库，造成数据库内容繁杂冗余。与此同时，公共图书馆对馆外资源的关注度不够，也导致其建设的数据库没有完成对所有资源的收集，使得数据库数据信息的完整性无法得到保障，这一问题在地方古籍文献资源的数据库建设中表现得极为明显，一些善本缺失或者因馆藏资源不完整而造成数据库建设遇到瓶颈时，也就只能以扩大采集源的办法优化数据库的内容。第三是检索功能存在质量问题。很多已经建成的地方特色资源数据库都缺乏高级检索功能，也缺少对其数据库内容范围与使用方法的详细介绍，用户界面看起来较为简陋；更有甚者，一些地方特色资源数据库只能提供简单的查阅服务；在检索途径方面，虽然一些地方特色资源数据库提供了题名、著者、关键词等多种检索途径，但是并没有提供检索式的构建方式，也并未提供二次检索功能，导致读者检索时的查全率与查准率不高。

4.数据库的有效利用率不高

公共数字图书馆特色资源数据库建设的目的是向公众提供更有效的、具有地方特色的文化信息资源服务，然而事实是，一些数据库的利用率有限。许多已经建设完成的公共数字图书馆特色资源数据库大都呈现出点击率不高的问题，一些数据库甚至没有任何人气。而一些点击率相对更高的地方特色资源数据库，人们大都只是选择浏览，其实际的有效利用率并不是很高。而且，地方特色资源数据库的使用人群有限，主要以学者和科研教学人员为主，加之对于地方特色资源数据库内容信息的利用程度有限等原因，已建成的地方特色资源数据库的有效利用率不高。

（三）公共数字图书馆特色资源建设的方法

1.建立健全特色资源数据库建设发展的组织管理机制

公共数字图书馆特色资源数据库的建设是十分庞大的工程，如果希望确保其获得持久的发展，一定要建立健全特色资源数据库建设发展的组织管理机制。

首先，建立统一的管理协调机构和组织管理机制，从国家文化信息主管部门到省级文化部门再到项目组，建立起三级之间统一管理与协调组织的机制。这样做既能够在国家层面形成系统的特色资源数据库建设体系，又能够严把特色资源数据库建设的质量关。同时，良好的组织管理机制建立后，便能够统一协调各地公共图书馆的特色资源数据库建设工作，也就能够保障特色资源建设取得良好的成效。

其次，要明确组织管理职能。文化信息主管部门主要负责建库政策指导、立项审查以及各省级公共馆共建、共享、统筹协调工作。各省级文化主管部门对本省特色数据库建设进行整体沟通协调，能在最大限度上使最终建成的数据库发挥良好的信息服务功能，实现省内与省外的资源链接；再到省级公共图书馆这一层面，主要的职能就是对数据库进行具体的建设与维护管理，包括数据库如何选题、数据库的运行等，这不是一件简单的事，需要省级公共图书馆进行科学调研、系统论证与民主决策才能实现,需要对每个环节进行合理的组织管理;项目组则立足于达成具体的建设目标,在建库过程中采集、加工、存储与发布大量数字资源,具体完成数据库的建设任务。

最后,要明确规定各级机构进行组织管理的内容及其不同的责、权、利,以保证整个组织管理机制的正常运行。

2. 努力创造特色资源数据库发展的有利条件

建设特色资源数据库是公共数字图书馆的重要任务,需要投入大量的人力、财力与物力。当前,受到经费的限制,大部分省级公共数字图书馆的个别地方特色资源无法获得及时、合理的开发利用,更不用说省级以下的公共图书馆了。在国家层面,除了对特色资源数据库建设加大资金投入外,还应制定相应的政策、法规,刺激社会各界投资特色资源数据库建设的意愿,从而引导特色资源数据库的建设走上共建的发展路径,吸引大量的资金投入。省级公共数字图书馆也应该积极探索多种地方特色资源数据库建设的运营模式,以争取多方资金的支持。具体而言,可以通过以下方式获得资金支持:一是通过政府部门资助建立各馆特色资源数据库,如"四川省文化旅游资源数据库"的建设得到了四川省政府办公厅、原四川省旅游局的支持。二是通过基金资助建立各馆特色资源数据库,如国际图联和国家社会科学基金资助建设的"中国蒙古文古籍总目数据库"。三是通过联盟项目资助建立各馆特色资源数据库,主要是指由中科院系统的"国家科学数字图书馆工程"、国家图书馆牵头的"中国数字图书馆工程"和"全国文化信息资源共享工程"等数字图书馆联盟资助而建立的特色资源数据库。四是图书馆与当地企业联合共同投资建设地方特色资源数据库,如"中国西南民族文化多媒体资料库——羌族历史文化"就是由四川省少数民族文化艺术基金会、四川省前景文化传播有限公司提供资金而建的。在特色资源数据库建设方面形成政府、企业、基金会等多渠道的资金投入体系,能够使特色资源数据库建设的可持续性发展获得良好的条件。另外,一些经济条件较为落后的地区本来资金投入便较少,在进行自主开发的前提下,应当利用西部大开发与"桥头堡工程"的良好机遇,尽可能获取国家与发达地区的资金、技术与人才方面的扶持。

在各地公共数字图书馆特色资源数据库建设的过程中，优秀人才的匮乏也是一个较为突出的问题。在数字化时代，图书馆员应当具备完备的综合知识与卓越的工作技能，如系统导航能力、较强的科研能力、信息的敏锐反应能力以及整理加工文献信息的能力等。目前，各级公共图书馆的专业技术人员主要是图书情报、计算机技术和信息管理等专业出身或者接受过相关专业培训的人员，这对于各级公共图书馆工作的专业化和规范化来说是必要的，然而对于各级公共数字图书馆的长足发展而言，只具备这些专业的人才并不充足。一些图书馆的特色资源数据库建设质量不高，也与相关人员的知识结构不合理有关。所以，各馆应该根据服务对象的需求和资源建设的需要采取相应的措施，加大人才培养力度，如培养人员的敬业精神与质量意识、定期进行相关技能培训、注重建库队伍的知识结构互补和更新、参加相关业务研讨会议以及进行学术交流等，建设一支既有相关专业知识背景，又掌握图书馆学知识和技能的专业人才队伍。作为对图书馆员的补充，也可以尝试与制作商或者专业公司进行合作，如由数据库制作商进行数字化处理，由专业的情报检索公司制作检索界面等。

在技术方面，各馆应尽可能采用国际国内通用的数据著录标准、数据格式标准、数据标引标准、规范控制标准及协议进行系统化、逻辑化组织。采用国家图书馆推荐的统一建设平台进行数据库的开发，如 TRS 全文检索系统，以达到所建数据库的标准化与规范化，从而提高数据库的质量，也有利于实现资源的共享。数据库的建设还需要相应的政策法规支持，在公共图书馆特色资源建设中，目前引起人们关注的是数据库的知识产权问题。在特色资源数据库建设中，应当有专门机构和法律人士解决这类问题。与此同时，各个公共数字图书馆在开展数据库建设规划时，应当科学、全面地论证是否存在知识产权方面的争议，并主动地寻求合理的解决方式，对于存在争议的问题应尝试予以解决，从而让特色资源数据库的构建与运用获得优良的条件。

3.积极探索特色资源数据库建设的规范化模式

特色资源数据库建设工作需要一套科学的流程，从选题的规范化、选题论证的规范化、建库过程的规范化、技术应用的规范化、服务管理的规范化等方面进行探索，形成规范化建库的规则、程序和操作，从而确保特色资源数据库的品质与使用效益。建库的规范化，即明确、清晰地规定数据库建设的系列工作任务，制定规范的章程与准则，比如如何选题、如何对选题进行论证、如何对建库过程进行控制、如何选择技术平台、如何对数据库进行管理以及如何提高数据库的服务效益等，并对建库的过程与实际的操作方式予以确切、清晰的规定，让数据库的建设有章可依，从而充分提升数据库的品质。当前在这一方面有许多理论探讨，但具体到各馆，还应当制定具体的、可操作性的规范化措施。

4.加速提升特色资源数据库的利用效益

目前，省级公共数字图书馆的地方特色资源数据库建设在数量、规模、类型上均取得了一定的成绩。特色资源数据库建设的最终目的就是为社会大众提供优质的文献信息服务，但从目前的情况来看，其利用率较为低下。一些图书馆在建库时只注重数量，却忽视了品质；一些资源在价值与可用性方面十分寻常，无法实现十分突出的利用效益；一些只是为了建库而进行建库，忽略了推广与应用的方式，让原本具有深厚价值的数据库落入无人问津的地步，浪费了非常珍贵的资源。为了让读者能够充分认知与把握各级公共数字图书馆的特色资源数据库，各馆不仅要充分提升数据库建设品质和服务水平，而且还应当做好宣传推广的工作。公共数字图书馆除了可以在网站的主页上进行宣传以外，还可以将数据库的"使用说明"或"读者指南"以各种宣传资料的方式发放到读者手中，同时，还可以在各级公共图书馆开辟专栏，宣传本馆的各种信息资源，使广大读者能够尽快以不同方式了解本馆的地方特色资源数据库。图书馆还可以在馆内设置专门的咨询处，由馆员对读者的问题进行解答；还可就本馆内的资源状况、信息资源、使用方法等内容与读者进行面对面的交流，使读者能了解利用本馆资源的基本知识。最后，各级公共数字图书馆还可以借鉴企业发展中的营销运作方式，融入市场机制，提高特色资源数据库的利用率。各馆还可以学习商业网站的做法，有针对性地开展信息推送式的宣传服务活动。[1]

---

[1] 陈维.数字图书馆特色资源共享与服务研究[M].杭州：浙江工商大学出版社，2015：116.

二、公共数字图书馆平台的建设

（一）公共数字图书馆应用平台的建设

公共数字图书馆应用平台建设包括应用硬件平台建设和应用软件平台建设两个方面。标准化的硬件平台是搭建数字图书馆软件平台的载体，是开展数字资源建设和提供数字图书馆服务的设施基础。为指导全国各级公共数字图书馆硬件平台的建设，国家根据各级公共数字图书馆的建设规模及其在全国数字图书馆服务网络中承担的不同职责，针对省、市分别确定硬件的配置标准，制定了《省级数字图书馆硬件配置标准》《地（市）级数字图书馆硬件配置标准》。一些省或者地（市）级图书馆还会依据该地区的建设规划，为县级以下的基层图书馆明确硬件的配置标准。硬件配置包括必配硬件和选配硬件，其中必配项为各馆应达到的基本要求；对于选配项中的设备，各个图书馆应依据当地的具体情形做出具有针对性的选择。全国各级公共数字图书馆都十分注重硬件平台的构建，省级图书馆便配备了大量的服务器、庞大的存储器、较高的网络带宽等。《全国文化信息资源共享工程县级支中心设备配置标准》中，为县级支中心确定了设备配备标准：按照 68 万元标准进行配置，包括必配项和选配项，其中必配项为各县级支中心必须配备的设备，包括中控机房的应用服务器、管理服务器、交换机等和多媒体演示厅的摄影机、电视机等以及多功能扫描仪、打印机、移动硬盘等；选配项中的设备由各地根据实际情况选择。

软件平台是公共数字图书馆实施管理与提供优质服务的前提条件。如今，国家图书馆以数字资源生命周期为核心构建了大量的应用系统与业务系统，它们是全国各级公共数字图书馆建立规范、易用的业务软件平台的基础。为了达成公共数字图书馆的总体功能要求，原文化部下发了《文化部关于加快实施数字图书馆推广工程的意见》，提供了《省级数字图书馆软件配置方案》《地（市）级数字图书馆软件配置方案》，为各省、市级公共数字图书馆提供必配软件，各馆还可以根据自身数字图书馆建设的实际需要，安装选配软件。同时，为了避免重复建设，对于各馆已经建设的、满足功能需要的类似系统,将提供开放接口,支持各馆通过二次开发来实现与工程平台的无缝连接,共享平台资源与服务。以江苏省数字图书馆建设为例,南京图书馆就配备了一整套的数字图书馆软件平台体系,包括数字资源采编类软件、数字资源加工类软件、数字资源组织管理类软件、数字资源整合调度类软件、数字图书馆服务门户类软件、数字图书馆用户管理和统一认证类软件、数字图书馆专业服务和服务平台类软件、系统运维管理等管理类软件以及互联网安全管理类软件等。

另外,对于基础设施、软件平台比较完善的公共数字图书馆,可以先行落实双向服务功能,也就是一方面诚恳接纳国家数字图书馆推广工程提供的珍贵资源和服务,另一方面也以自身的发展与建设为国家数字图书馆的推广工程做出相应的努力。其他的公共数字图书馆宜先采取"接受资源、提供服务"的模式,待各项功能健全后再完善双向服务功能。

(二)公共数字图书馆网络平台的建设

文化共享工程依托省、市、县级公共数字图书馆建设统一的全国性技术服务平台,实行统一服务、分级管理,采用现代信息技术手段,对中华优秀文化信息资源进行数字化加工和处理,其网络平台建设主要是充分利用中国现有的通信主干网络,通过在各级中心运行的系统实现文化信息资源的共享。当前采用的主要技术模式包括 IPTV 技术、有线电视(数字电视)、CDN+VOD 技术及 VPN 虚拟专用网技术。VPN 虚拟专用网可以为全国各省、市级数字图书馆间的系统互联、业务整合、服务协作提供可靠安全的链路保障,可以传送资源,也可以远程管理维护下级中心,这是公共数字图书馆建设的基础任务,也是全国各地数字图书馆资源与服务全面共建共享的基础支撑。

2011 年 5 月,财政部、原文化部联合下发《财政部、文化部关于实施"数字图书馆推广工程"的通知》,通知明确规定,数字图书馆推广工程将推广国家数字图书馆工程的理念、技术、标准,建设分布式公共文化资源库群,形成以国家数字图书馆为核心,以省级数字图书馆为主要节点的全国性数字图书馆虚拟网,依靠互联网、移动通信网、广电网等网络通道,支持包括计算机、手机、移动智能终端、数字电视等各种用户终端设备,在大流量高并发的情况下，实现方便快捷、畅通无阻的连接访问服务。

在 VPN 虚拟专用网建设过程中，由国家图书馆牵头完成省级馆的虚拟网建设，由省级馆负责实施市级馆的虚拟网建设，最终实现国家图书馆与各省、市级馆在虚拟网络上的互联互通。从全国 VPN 虚拟专用网建设的情况来看，2011 年 6 月，四川省图书馆成为首个与国家图书馆连通虚拟网的省级馆，之后陆续有许多副省级以上、市级图书馆的虚拟网连通。全国虚拟网已经覆盖了包括国家图书馆在内的百余家图书馆。其中，浙江图书馆、湖北省图书馆、黑龙江省图书馆、山西省图书馆均已实现数字图书馆虚拟网全省联通，虚拟网骨干网络基本搭建完成。

通过 VPN 虚拟专用网络，国家图书馆可以向已开通 VPN 连接的公共图书馆开放资源，国家图书馆已向黑龙江省图书馆、浙江图书馆、福建省图书馆、贵州省图书馆、广西壮族自治区图书馆、辽宁省图书馆、广东省立中山图书馆、厦门市图书馆等公共图书馆开放了大量的中外文数字资源，当地读者能够非常便捷、快速地访问全国各地构建、发展的特色资源。此外，地方公共数字图书馆还能够在省内各馆之间快速地展开数据传输，充分完成了数字资源和服务的共享共建。

VPN 虚拟专用网建设过程中也暴露出了一定的问题，如设备不够完善、网络拓扑差异显著等。因此，还应当持续拓展 VPN 研究的深度与广度。

三、公共数字图书馆未来发展方向

（一）标准规范体系与数字图书馆建设

在公共数字图书馆的建设过程中，标准规范体系的重要性是显而易见的，它是保证数字图书馆的资源和服务在整个数字信息环境中可利用、可互操作和可持续发展的重要保障。随着计算机和互联网技术在公共数字图书馆领域的广泛应用，以及跨地区与跨系统数字图书馆合作的广泛开展，标准规范体系的重要性也愈发显著。

在标准规范体系建设方面，应采取开放建设的机制。各级公共图书馆应当充分利用已有的标准规范成果，若是无法充分满足需求，可以提出全新的标准规范制定需要，并通过许多具备良好研究水平与丰富实践经验的公共数字图书馆一齐完成制定；对于已有的标准规范，也应通过建立有效的应用反馈机制，使各馆在应用过程中能将发现的问题或者进一步改进的意见与建议及时进行反馈，以不断完善各项标准规范。

移动技术、云计算技术、大数据技术等新兴技术的不断涌现对数字图书馆新的标准规范体系的建设提出了新的要求。人们应该在已经形成的国家数字图书馆标准规范的基础上，借鉴各级各类图书馆已有的成熟的标准规范，构建更加健全的公共数字图书馆标准规范体系，确定一批合适的标准规范，并引导各地公共数字图书馆制定合理的标准应用方针，从而有效指导公共数字图书馆的资源建设与平台发展，保障公共数字图书馆建设能够步入标准化、规范化的层次。在此基础上，争取形成一批关于数字图书馆的国家标准和行业标准，进而推进全国数字图书馆建设的标准化和规范化进程。

（二）基于移动技术的数字图书馆

移动技术的快速发展给数字图书馆带来了挑战，也带来了新的发展机遇。在此背景下，图书馆面临的发展趋势之一就是移动设备的指数增长，新的应用将推动新的服务。关注新技术催生的新的信息行为与新的信息需求，发展与完善面向新的移动用户的服务项目，从而打造以"移动技术+移动设备+图书馆资源"为核心服务链条的"移动图书馆""智慧图书馆"，将成为未来数字图书馆发展的一大热点。

移动图书馆不仅有效开拓了传统图书馆服务的范畴，并且也充分利用图书馆丰富的数字资源，尤其是移动智能终端使移动图书馆服务获得了更加广阔的发展空间。所谓移动数字图书馆，是指用户通过移动终端设备（如手机）等，以无线接入的方式接受图书馆提供的服务。数字图书馆和移动图书馆是图书馆的两种形式，数字图书馆只是基于它的内容数字化的这个特性来说的，移动是从服务方式的角度来说的，信息的获取方式是移动的。所有技术的普及都需要经过一定的时间，许多图书馆已经具备了丰富的数字资源，然而并未提供移动服务。移动图书馆并非要将数字图书馆取而代之，它只是数字图书馆的一种类型。将来，当移动方式代替桌面方式演变为信息获取的主要方式后，移动图书馆的服务方式一定会占领主流地位。

随着移动终端设备、移动网络的迅速发展以及移动 4G/5G 的商用化应用，广大用户已经对移动服务表示接纳与认同，移动图书馆也会逐渐开发并呈现更加丰富的信息服务内容，如电子书查询和阅读、音视频资源下载点播、有声图书借阅、实时互动的图书馆导引服务等，为读者提供内容丰富、便捷易用的移动图书馆服务，届时移动图书馆将可以为读者提供在任何时间、任何地点都可以享受到的图书馆的服务。

（三）基于资源发现系统的数字图书馆

数字图书馆是分布式的，通过资源发现系统可以将公共图书馆中的纸本资源、数字资源、学术资源、网络资源与向读者提供服务的不同载体形态的信息资源有机联结到一起，使数字图书馆资源成为一个有机的整体。

资源发现系统可以集成公共图书馆的馆藏目录与远程数据厂商的文献数据，提供更快速的检索速度与相关性检索结果排列。通过检索词准确定位资源是查找资源的关键，通过作者、参考文献、主题词等找出密切相关的资源也是发现资源的重要手段，数据关联能提高数据检索深度，是资源整合的发展方向，也是下一代语义网的数据基础。资源发现系统提供类似谷歌的一站式检索，通过统一资源发现系统后端庞大的知识库全方位地揭示馆藏。其对读者而言，使用更为便利，检索结果响应更迅速、更全面、更及时；对数字图书馆而言，提高了资源的管理和共享效率。

目前，资源发现系统已经实现了对检索结果进行有效组织与揭示，如相关度排序、分面导航、结果精练以及相关资源推荐，以帮助用户发现最合适的资源。公共数字图书馆也可以根据自身的需要对资源发现系统展开二次开发，优化用户的使用体验，开展特色化服务。一些图书馆充分利用资源发现系统的元数据，开发了基于海量数据的学科趋势分析系统，还对文献、作者信息进行可视化处理，形成动态的"热词"标签云图等。未来资源发现系统将具有自然语言理解技术的学术搜索引擎，能够精准地切分汉字，确切地识别用户检索词里的错别字，运用自然语言与用户展开交流，并且可以充分地认知与捕捉用户深层的意愿。数据库开发商与学术搜索引擎之间的相互合作也无疑将推动资源发现系统朝着多元智能化的方向发展。

第三节　专业数字图书馆的建设与发展研究

我国专业数字图书馆是指由国家各研究院、国家部委系统所创建的、面向本系统用户的数字图书馆。每个部门下属的数字图书馆主要服务于本部门读者，服务重心不同，建设成果也表现出显著的区别；各研究院、国家部委的行政职能、社会责任并不完全相同，组织目标也具有区别，这些都会对其所属数字图书馆的战略目标产生显著的影响。本节使用专业数字图书馆对其进行统称，主要是为了与高校数字图书馆、公共数字图书馆等称谓相呼应，便于保持本部分的逻辑结构、行文体例和学术价值的完整性。

专业数字图书馆属于与高校数字图书馆、公共数字图书馆相并列的一级主类目，各研究院、国家部委所建数字图书馆则属于该类目之下的二级分类目。尽管笔者可从学术角度使用专业数字图书馆来统称各研究院、国家部委所建数字图书馆，但具体到某一部门所建数字图书馆时，却难以找到与其他部门所建数字图书馆的共性学术价值。因此，本书具体选择较有代表性的军队和医疗系统数字图书馆进行论述。

一、军队系统数字图书馆的建设与发展

20世纪90年代，人们便已经开始探索军队系统数字图书馆这一项目。军队系统数字图书馆主要依靠调研的方式引进数字资源，它注重应用资源整合系统的建设，注重专业信息资源共建共享和文献传递服务的建设，注重各类专业数据库的研发。

军队系统数字图书馆在信息资源建设方面取得了非常优良的效果，信息服务保障效能不断优化。将来，军队系统数字图书馆会建立更加完善、健全的军事特色资源体系，促使信息资源获得进一步的共建共享，强化对科学数据的挖掘和监测。

（一）军队系统数字图书馆建设的方法

1. 调研并引进数字资源

军队系统专业图书馆注重数字环境下馆藏发展策略调研，调查分析专业领域内各类文献数据库，依据用户具体的信息需求，对其馆藏信息资源保障能力展开充分的评估，为数字资源订购工作提供参考数据，并在此基础上引进权威数字资源。例如，军队医学专业图书馆引进了清华同方、万方医药、维普医药国内三大权威，中文期刊数据库引进了爱思唯尔（Elsevier）、斯普林格（Springer）、威立（Wiley）这三大国外科技出版社电子期刊全文数据库，《新英格兰医学杂志》（NEJM）、《英国医学杂志》（BMJ）、《美国医学会杂志》（JAMA）、《柳叶刀》（Lancet）四大著名医学期刊全文库，《自然》（Nature）、《科学》（Science）、《细胞》（Cell）三大高影响力期刊全文库，美国化学学会（ACS）、Taylor、Thieme、Reaxys等化学学科文献数据库和科学网（Web of Science）、美国国立医学图书馆（MEDLINE）、美国生物学数据库（BP）、荷兰医学文摘（EM）、工程索引（EI）等主要常用医学检索工具。

2. 引进应用资源整合系统

随着图书馆情报领域信息技术的不断进步和信息系统的持续拓展，军队系统专业图书馆要求馆藏信息资源具有更高的整合利用率，一些图书馆科学地引进了应用资源整合系统，不同类型的馆藏数字资源得以进行整合检索。

3. 不断加强专业信息资源共建共享，组织专业信息资源的集团采购

以军队医学专业图书馆为例，从2006年开始，该图书馆先后组织完成了《维普医药信息资源系统》《英国医学杂志》等的联合采购，同时，梳理、汇总全军主要医学图书情报机构高影响因子外文期刊总目录，分析各馆馆藏期刊重复订购情况，协商合作订购IF=5的生物医学期刊，减少期刊重复订购。

4. 积极开展文献传递服务

以军队医学专业图书馆为例，该馆构建了以解放军医学图书馆为核心

的军事医学数字图书馆文献保障体系，面向全军卫生单位特别是军队医院图书馆免费开展文献传递服务。部分军队专业图书馆引进开通 CALIS "e 读"与外文期刊网（CCC）服务，向 CALIS 上传馆藏纸质刊目数据，实现与联机公共目录检索系统（OPAC）系统的衔接。不断加强与国家科技图书中心（NSTL）、北京地区高校图书馆文献保障系统（BALIS）、中国科学院国家科学图书馆等单位的协作，积极开展文献传递服务。

5. 持续推进门户网站建设与服务

军队系统数字图书馆非常注重互联网门户网站的建设，网站服务功能日趋系统化和人性化。一些大型图书馆可以有序地组织网站内容，并充分集成网站功能和资源整合系统。随着军事信息综合网（以下简称军综网）的建成应用，为了满足广大官兵在军综网上的专业信息需求，部分专业图书馆开展了军综网环境的门户网站建设工作，完成了网站硬件平台、通信信道及信息系统建设及数字资源的发布应用。

6. 自主研发各类专业数据库

军队系统大型数字图书馆都十分注重各类专业数据库的有效建设。比如，解放军医学图书馆便率先在军内外组织了数据库产品研发工作，1995年，自主研发《中文生物医学期刊数据库》（CMCC）并在全国推广应用，后相继研发推广《中文生物医学期刊引文查询系统》（CMCI）、《中国医学学术会议论文数据库》（CMAC）和《中国疾病知识总库》（CDD）等系列信息产品，积极开展专题信息服务平台的研建，建设完成"全军卫生训练教材库""生物军控与履约综合信息化服务平台""军事认知与心理卫生网站""高原病数据库"等。机构知识库建设是数字图书馆建设的重要组成部分。解放军医学图书馆率先围绕所属机构的知识产出，开展了军事医学科学院机构知识库软件系统的建设工作。

7. 启动开展学科化信息服务

军队系统专业图书馆追踪行业发展的最新动向，不断探究新型信息服务模式，近些年来投入了较大的力度建立学科服务部，积极开展融入数字科研过程的学科化服务。学科馆员采取电话或邮件联系、参加研究室例会、网络参考咨询等多种方式，开展了馆藏资源与服务宣传、学科信息推送、课题跟踪服务、信息利用培训等多种形式的数字信息服务。

8. 不断深化情报研究服务

近些年来，军队系统数字图书馆大都开展了以数字资源和数据分析为基础的情报研究服务。部分图书馆引进 TDA 情报分析工具，综合利用多种情报研究方法，完成大量情报研究报告，面向军内单位提供覆盖课题全过程的情报研究服务。

（二）军队系统数字图书馆的建设现状

1. 信息资源整体建设成效明显

一是协作推进资源共建共享。如今，军队系统各专业数字图书馆的数字资源建设数量呈现快速的增长，质量不断提升。与此同时，军队系统各专业数字图书馆也非常重视专业资源的共建共享，时常开展专业信息资源集团采购活动，不断强化外文期刊的协调订购，互通有无，尽可能避免外文期刊重复订购的情况，全军专业文献信息资源构建在整体层面出现了显著的提升。为了全面掌握专业文献分布情况和文献信息需求情况，各专业领域的图书馆积极组织对本领域的专业期刊馆藏的摸底调查，基本掌握了各馆军事专业期刊的分布特征和馆藏情况，为下一步组织编制《全军军事专业期刊联合目录》、建设军事专业文献信息数据库打下了坚实的基础。

二是不断拓展文献传递服务。信息技术的繁荣促进了文献传递服务的发展，各种文献传递系统给用户带来了更加便捷的使用体验。军队系统专业数字图书馆大都根据用户需求引进了特定的文献传递系统。例如，第二军医大学数字图书馆根据生物医学科技人员信息检索习惯引进基于 PubMed 的检索与馆际互借系统。解放军医学图书馆引进应用多种文献传递系统，为北京军区总医院、总参总医院等军内 25 家单位开展免费全文传递服务，满足率高达 90% 以上，较好地满足了军队卫生科技人员的文献需求。

2. 信息服务保障效能稳步提升

一是网络平台服务能力显著增强。各专业数字图书馆互联网网站服务功能日趋便捷和完善。随着图书馆自动化集成管理系统、资源整合系统、远程信息访问系统、移动图书馆系统等应用系统的建设完善，专业图书馆基础业务工作的信息化水平得到显著提升，实现了分布环境下馆藏资源的深入揭示、科学管理和有效利用，满足了全军科技人员对更广范围文献信息的高效查找、定位和获取需求，网站主页的访问量不断增长。与此同时，军队系统各专业数字图书馆也在积极地建设军综网门户网站，如今许多图书馆都在军综网上发布了丰富的专业信息与自建的数据库，实现了军综网各类专业资源的显著扩增。

二是数据库研发工作取得了非常优良的成效。《中国生物医学文献数据库》（简称CM-CC）系列数据库产品的生产加工流程得到明显改进，数据质量监控不断加强，产品的可持续发展能力稳步提升，获得了良好的社会效益和经济效益。大型专业图书馆根据军内外需求不断研发新型数据库产品，部分新产品的市场推广获得了较好的反响。全军卫生训练教材库在原总后卫生部信息中心的统一组织下，已于2013年初在全军远程医学卫星网上开通运行，面向部分全军卫生基层单位提供服务。完成基于B/S模式的专业信息组织管理平台，成功在军事医学科学院军事兽医研究所和武警医学院以及两项军事类课题中推广和应用。军队系统的大型专业图书馆及时跟踪机构知识库技术进展，采用分面检索引擎探索构建所属机构的机构知识库平台，主要包括各种功能模块的研发以及机构知识产出的数据收集、加工和整理工作。机构知识库的建设得到了相关机构领导的重视和肯定。

三是学科化、知识化服务的不断优化与拓展。专业数字图书馆学科馆员凭借着构建用户个人科研学术档案与研究团队档案，动态嵌入数字科研环境，深入做好课题立项、在研和结题等不同科研阶段的学科化服务工作，着重保障军队大型专项课题的专业信息需求，从而获得大量用户的认同，推动情报研究工作有序开展。

（三）军队系统数字图书馆的未来发展方向

随着数字化时代的来临，科学数据的形成与累积呈现爆发式增长，图书馆逐步演变为保存与组织数据的场所。军队系统各专业数字图书馆也充分顺应信息环境的改变，以满足用户的信息需求、个性需求为目的，借助先进的互联网技术，强化对数据挖掘的探究，以期成为军队建设的智慧服务中心。数字图书馆的基本要素是数字化资源、网络式存取及分布式管理，要最大程度地实现数字图书馆的服务效能，全军层面甚至是国家层面的顶层设计和标准体系建设至关重要。国家与地方相关单位与机构已经在积极推出与构建图书馆系统的标准体系。各类数字图书馆系统将在更加统一的建设规划和标准规范的指导下，进一步相互结合，整体更加通用易用，逐步实现更大范畴的资源与服务保障。其未来发展方向主要体现在以下几个方面：

1. 完善军事特色资源体系

由于军队专业图书馆服务对象的特殊性，除了对常规信息资源的需求外，更多的是对军事相关信息资源的需求，因此，数字图书馆的建设必须突出军事特色。军事信息资源体系要更加完整、系统、权威，一方面要加强自有数字资源的建设，另一方面也要加大对国外相关军事信息资源的采集力度，完善军事特色资源体系。

2. 信息服务向知识化发展

面对信息环境变革形成的压力和动力，军队系统专业数字图书馆的信息服务逐渐转向面向战略决策、面向学科领域的嵌入式知识服务，图书馆的服务将与用户需求紧密结合，与用户建立合作伙伴关系，提供及时、有效的深度信息服务。

3. 加强自有知识资产管理

军队系统专业数字图书馆日益关注所属机构内部产生的原生资源（如学位论文、机构刊物、会议文献、研究报告、多媒体资源等），特别是军事特色自有知识资产的数字化建设和管理，通过研建机构知识库等来实现对各类有价值的知识产出的统一收集、集中管理、长期保存和检索利用。

4. 强化科学数据监管和挖掘研究

随着大数据技术的发展，数据密集型研究呈现高度的发展。对军队系统专业数字图书馆来说，仿真模拟、数值计算、生物计算等科研过程产生的海量数据不仅要用来实现仿真模型和其他类型的研究验证和再利用等目的，而且要实现对数据的分析挖掘。数据图书馆馆员将专门负责科学数据的监管、挖掘、保存和归档工作。

二、医疗系统数字图书馆的建设与发展

随着医疗技术和科研能力的发展与提升，医疗系统数字图书馆建设获得了进一步的发展。医疗系统数字资源建设的内容包括数字资源建设、电子阅览室与网站平台建设、定题信息服务、学科化服务、数据库研发等。医疗系统数字资源已实现了共建共享，并产生了明显效果，其服务能力明显提升，数字资源利用率、网站访问量、自建数据库等取得突破。医疗系统数字图书馆将来应当强化构建特色化的医学资源，应当不断完善资源共建共享系统，还应当优化知识服务效能，积极开展移动图书馆服务。

（一）医疗系统数字图书馆数字资源与服务建设的内容

1. 数字资源建设的模式

一是组建局部系统的资源共建共享联合体。医院图书馆往往以隶属关系、行政地域或专业系统组建区域图书馆联盟或联合体，在数字资源评估、采购、用户培训等方面依托系统内各成员单位的协作实现数字资源的共建共享。局部系统内联合建设是医疗系统数字图书馆数字资源建设的基本模式。北京地区有北京大学图书馆系统、首都医科大学图书馆系统、国家卫健委系统、北京市卫健委系统等；上海医疗系统数字图书馆主要归属复旦大学医科馆系统、上海交通大学医学图书馆联盟、中医药大学系统、医学会（二级医院）系统、同济大学系统、疾控系统等；湖北地区有省卫健委系统、武汉大学图书馆系统和华中科技大学图书馆系统；天津、河北等医疗系统数字图书馆也通过成立协作体、开通网络链接等形式共建共享资源；其他地区的情况也大致相同。各个地区的医院协会发挥着优良的资源协作的功能，由于地域的差异与经济实力的悬殊，医疗系统数字图书馆整体发展并不协调。

二是参与大型文献保障系统的资源协作共享。部分医疗系统数字图书馆依托所属机构积极参与跨系统共建，加入国家科技图书中心（NSTL）、高校图书馆文献保障系统（CALIS）、北京地区高校图书馆文献保障系统

(BALIS)、全军医学文献综合资源协作网等全国性、地区性大型文献保障系统，实现全国范围的资源共享。

三是各个医疗系统数字图书馆独立构建数字资源。除了与其他数字图书馆合作共建共享系统，医疗系统数字图书馆还应当根据各自学科的特征、需要与资金情况，独立地订购部分数字资源，主要是中文数据库。广东省医疗系统大体都采取独立建设的模式，目的在于保证本院医学信息需要。

2.开展特色定期信息服务

以学科或者项目研究为核心，面向特定读者对象自主、定期地提供业界前沿文献信息，是图书馆传统服务的拓展。数字资源使定期服务的开展获得了十分广泛的资源来源与便捷精准的获取手段。各医疗系统数字图书馆应当基于服务群体的个性信息需求开展特色信息服务。例如，各医大附院、省级医院图书馆面对医院医疗临床、学术科研需求，都应不同程度地开展SCI收录期刊认证、中文核心期刊认证、影响因子认证等特色服务。

3.推行学科化服务

学科化服务是如今专业图书馆注重开展的创新型服务模式。虽然医疗系统数字图书馆发展尚不成熟，中小型医院图书馆甚至还未起步，但学科化服务思想与成功的实践经验已经深刻地影响并引导医疗系统数字图书馆的信息服务朝着学科化服务方向发展转变。部分大型医院图书馆积极开展学科化服务的实践探索，如为了配合医院建设，及时向医院管理层提供医药改革信息；为了满足专科医院医护人员的信息需求，收集、编译、制作电子期刊等。

4.其他数字资源服务

（1）实施情报调研服务

医疗系统数字图书馆为满足国家卫生体系建设和医院建设的需要，围绕信息时代医护人员日益增长的深层次知识服务需求开展专题情报调研，为医改、医院发展以及医疗系统数字图书馆信息资源建设和服务提升提供参考依据。

（2）开展全文传递服务

数字资源的全文传递是近年各医疗系统数字图书馆间开展馆际互借的

主要方式，利用文献传递系统免费或以较低的费用快速获取他馆资源，受到各医疗系统数字图书馆特别是中小型医疗系统数字图书馆的普遍欢迎。

（3）研发各类数据库

大型医疗系统数字图书馆纷纷研建各类专业数据库，如广州市第八人民医院图书馆成立课题组，研发"艾滋病临床医生事实型数据库"。

（二）医疗系统数字图书馆建设现状

1. 数字资源共建共享效果明显

医疗系统数字图书馆借助丰富的数字资源共建共享体系能够为医护人员提供更加优质的文献信息服务。具体而言，北京大学医学部图书馆拥有一百余个国内外医学文献数据库，向北大医学部所有附属医院图书馆提供链接，这些医院图书馆可以同时免费使用学校图书馆购买的数字资源；首都医科大学图书馆与部分本系统的医院图书馆实行数字资源共建共享，医院图书馆缴纳一定费用就可以使用学校图书馆所购买的大部分数字资源；陕西省部分高校附属医院参与校本部资源的联合共建，可获得校本部图书馆数字资源的使用权；上海交通大学图书馆系统医院图书馆在2008年成立交大医学图书馆联盟，在联盟内建立全文传递系统，实行全文推送，缩减了各馆独立购买数据库的资金负担；复旦大学图书馆系统于2009年成立复旦医科馆联合体，为复旦系统医院的所有中级职称以上员工办理Jaccout账号，所有复旦系统的医院图书馆或者处于医院内网的任一一台电脑都可以利用复旦大学图书馆中的数字资源；山东省医院图书馆委员会制定了山东省医院图书馆资源共享具体规划，凭借着和高校开展适当的合作，使青岛地区的一些医院能够进行电子文献数据库捆绑订阅和资源共享；湖北省属医院图书馆借助武汉大学图书馆系统取得更加广泛的数字资源，同时与武汉大学、华中科技大学附院图书馆进行了联合共建，资源共享效益明显。

2. 数字图书馆服务能力显著增强

（1）数字资源利用量明显上升

医院图书馆建立的电子阅览室，以及连接科室的计算机终端和各类专业中外文数字数据库，为医护人员获取最新专业信息和文献提供了便利。部分医院图书馆统计数据显示，图书馆网站访问量以及数字资源浏览下载量不断提高。

（2）网站平台建设成效显著

上海交通大学医学院附属瑞金医院图书馆，自 2000 年起应用图联图书馆计算机集成管理系统（TALLS），通过医院内网链接第二医科大学信息资源中心，共享数字化资源；首都医科大学宣武医院图书馆采用 VPN 方式为本院职工提供单位外的网络访问服务；上海交通大学医学图书馆联盟为系统内尚未建立图书馆集成管理系统的医院图书馆建立门户网站和统一建立汇文图书馆集成管理系统，为这些医院数字图书馆的建设奠定基础；重庆医科大学附属医院图书馆实现了自建文献资源数据库在单位局域网内的免费使用，部分市级和区、县级医院图书馆也开通了这一服务；广东省人民医院图书馆在网站上设置医改信息专栏和国内外医疗科研动态、医疗安全、医疗质量专栏以及学术会议信息预告、省医要闻等栏目，内容每周更新；北京回龙观医院图书馆收集、编译精神科类相关文献，制作成电子期刊发布在医院网站，每月定期更新，该项服务目前已在北京医院图书馆界推广应用。

（3）原文传递服务发展迅速

医院图书馆纷纷加入各类文献保障系统，签订文献传递服务协议，实现全国范围内的资源共享，利用各种联盟和联合体为系统内的医院图书馆提供原文传递服务。北京地区北京大学、首都医科大学等高校附属医院图书馆在北京高校文献保障系统（BALIS）成立之初就加入了该系统的全文传递服务，满足非高校附属医院图书馆的原文传递需求。

（4）定题服务向精品服务升华

三级甲等医院图书馆捕捉到医院科研临床需要，针对科研需求中可预期的项目提供主动服务和定题服务，现已发展为精品服务，受到了大量医务人员的青睐。

（5）学科化服务呈现良好态势

学科化服务已逐步成为医院图书馆数字资源服务的主要方式。部分三级甲等医院图书馆紧密结合医院需求，积极主动嵌入医院医教研过程，深入科研临床一线，全程跟踪课题进展，为医护、科研人员及时推送阶段性情报和学科信息。上海交通大学医学院附属瑞金医院图书馆的学科化服务受到医护人员的普遍欢迎，第四军医大学西京医院图书馆为国家"863计划"子课题"BCL-2"输血，提供及时、高效的学科文献保障服务。

（6）特色信息服务不断贴近需求

中国医科大学附属盛京医院图书馆2007年率先在国内图书馆界推出了SCI投稿选刊服务，对医学各学科适合中国科研人员投稿的期刊进行了分析，针对不同学科开展SCI投稿及期刊选择的讲座，并在图书馆网站上实时同步结果分析供医护人员检索查询。该项服务使医院发表SCI论文数量有了成倍增长。上海交通大学医学院附属瑞金医院图书馆在门户网站及时增加"常用参考数据""常用数据库检索""最新医学信息""SCI核心期刊认证""中文核心期刊认证""IF系数查询"等内容，及时发布各年SCI收录期刊目录、中文核心期刊目录等，以便全院读者利用。

（7）情报调研工作不断推进

受到大量因素的影响，医院图书馆的情报调研服务能力尚且无法充分满足医院建设的需求，然而，当下的情报调研工作对医院图书馆与行业的向好发展也发挥着积极、良好的作用。北京地区中日友好医院、天坛医院、航天总医院、北京大学肿瘤医院分别开展了调查和调研活动，分析掌握了医护人员对医学书刊的需求年限及信息利用行为等，为医院图书馆开展资源建设和服务提供决策依据。2008年，中国图书馆学会医院图书馆委员会组织对67家医院图书馆进行全面的调研活动，分析掌握了部分医院图书馆资源建设、人员结构、服务开展等状况，并完成关于"67家医院图书馆建设现状调查分析"的调研报告。

（三）医疗系统数字图书馆未来展望

未来，各类数字图书馆系统将在更加统一的建设规划和标准规范的指导下实现更加密切的结合，整体具备更强的通用性，逐渐提供更加丰富的资源，优化服务保障能力。历经较长时间的探索与建设，医疗系统数字图书馆建设在思想、规模与技能等方面取得了非常显著的成绩，累积了大量有利的经验，然而整体建设情况却并不圆满。受到主客观因素的影响，在决策规划、资金投入、技术人才等方面，中小医院的数字图书馆建设举步维艰。将来医疗系统数字图书馆一定要以用户的需求为核心，密切关注用户需求的演变动向，合理强化协调合作，充分借助各种先进的信息技术，逐步发展成为能够满足用户特定需求，提供个性化、知识化服务的数据服务中心。其未来发展方向主要体现在以下几个方面：

1. 不断加强医学资源特色化建设

随着数字资源的拓展，各类信息数据持续更新，未来各医院特有的特色资源会在信息共享中发挥更加显著的作用。各医院数字图书馆馆藏资源建设由追求"大而全"转而向追求"专而全"，图书馆馆藏建设主体也将由"图书馆建设"向追求"图书馆与用户共建"。医院数字图书馆要将各馆特色馆藏数字化，主动收集本机构重点文献信息、会议资料、病例、实验数据、教学和手术视频等资源，将其一并纳入特色馆藏建设中来，并建立特色数据库、机构知识库等统一的检索利用平台，方便读者检索利用。

2. 持续推进资源共建共享协作体系建设

资源数字化为区域内及区域间各医院图书馆之间，和医院图书馆与医学院校图书馆之间开展数字资源共建共享提供了可能。医院图书馆要积极争取国家有关主管部门的政策支持和相关机构的配合，进一步加强以区域、行业和系统为基础的馆际分工协作和联盟建设，采取联合评估和采购的模式，合理健全、发展资源互补、特色互补等不同类型的资源共建共享协作体系，缩减各成员馆的运营资金，让用户感到更加满意。

3. 稳步提升知识服务效能

随着网络环境、技术环境、用户需求环境的变化，医院图书馆的信息服务重心也由过去的共性服务、等待服务、文献服务逐渐转变为个性化服务、推送服务以及知识服务。知识服务是未来医院数字图书馆的发展方向，要求馆员要深入临床、教学、科研、管理一线，了解用户个性化需求。在大数据时代，图书馆员能够借助各式数据分析工具，深入地挖掘与提取数字馆藏，在海量的文献里攫取新知识，捕捉新热点，为医院临床、科研、教学提供深层次知识服务，并为重大事件的决策提供情报支撑服务。

4. 逐步开展移动图书馆服务

医疗系统数字图书馆的服务模式正在从固定场所服务向移动服务的方

向演变。在此形势下,医疗系统数字图书馆一定要基于自身用户群体的特定需求组织移动图书馆建设,方便用户在移动终端设备上更便捷地检索和利用图书馆的资源和服务。

参考文献

[1] 白力杰, 于向前, 曲红. 探析数字图书馆的建设 [J]. 农业网络信息, 2012（4）：56-57.

[2] 包华, 克非, 张璐. 高校图书馆信息资源建设 [M]. 北京：中国商务出版社, 2019.

[3] 陈美娟, 徐正东. 高职数字图书馆研究综述 [J]. 文教资料, 2018, （28）：56-57.

[4] 陈三保. 新形势下图书馆服务与创新 [M]. 昆明：云南科技出版社, 2018.

[5] 程显静. 图书馆建设与发展研究 [M]. 北京：华龄出版社, 2018.

[6] 戴薇. 浅论传统图书馆与数字图书馆的比较和发展 [J]. 卷宗, 2018, 8（35）：101.

[7] 方东权. 数字时代之图书馆 [M]. 北京：线装书局, 2007.

[8] 方晓红, 郭晓丽. 数字图书馆研究 [M]. 天津：天津科学技术出版社, 2014.

[9] 龚胜泉, 汪红军. 知识管理与数字图书馆建设研究 [M]. 成都：四川大学出版社, 2014.

[10] 韩永进. 中国图书馆事业发展报告·数字图书馆卷 [M]. 北京：国家图书馆出版社, 2017.

[11] 贺伟, 张贺南, 宋福兰. 数字图书馆与数字图书馆服务 [M]. 北京：中国戏剧出版社, 2012.

[12] 江涛, 穆颖丽. 现代图书馆服务理论与实践 [M]. 郑州：河南人民出版社, 2014.

[13]江莹.基于信息资源建设与读者服务的高校图书馆发展研究[M].长春：吉林大学出版社，2020.

[14]李淮斌.基于云计算的数字图书馆信息共享管理[M].沈阳：辽海出版社，2019.

[15]李君.大数据环境下公共图书馆服务深化思考与探索：2018年上海地区公共图书馆读者服务学术研究论文集[M].上海：上海辞书出版社，2019.

[16]李哲汇.数字化进程中的图书馆[M].北京：北京图书馆出版社，2007.

[17]梁孟华，吕元智，王玉良.基于用户交互的数字图书馆服务评价模型与实证研究[M].上海：上海世界图书出版公司，2019.

[18]刘博涵，王小妹.法国国家图书馆残障读者服务现状及启示[J].图书馆建设，2016（10）：63-67.

[19]刘德勇.关于数字图书馆建设法律问题的探讨[J].法制与经济，2015（13）：193-195.

[20]马成林.5G时代传统图书馆的变革[J].卷宗，2021，11（16）：176.

[21]浦绍鑫.现代公共图书馆资源建设与服务[M].北京：光明日报出版社，2016.

[22]任慧栋.数字化图书馆研究[M].北京：中国书籍出版社，2016.

[23]容海萍，赵丽，刘斌.图书馆信息资源建设[M].广州：世界图书出版公司，2019.

[24]孙仙阁.数字图书馆的发展研究[M].成都：电子科技大学出版社，2016.

[25]孙晓菲，韩子静，熊健敏.云中论图：解构与重构：论数字图书馆标准规范体系建设[M].杭州：浙江大学出版社，2017.

[26]孙长怡.数字图书馆信息资源建设[M].沈阳：辽宁大学出版社，2009.

[27]唐成.PostgreSQL修炼之道[M].北京：机械工业出版社，2020.

[28] 田翠华.基于 GT4 的物联网交通信息服务仿真研究［M］.厦门：厦门大学出版社，2017.

[29] 王建文.数字化图书与数字图书馆应用研究［M］.北京：北京工业大学出版社，2005.

[30] 王世伟.图书馆古籍整理工作［M］.北京：北京图书馆出版社，2000.

[31] 魏大威.数字图书馆理论与实务［M］.北京：国家图书馆出版社，2012.

[32] 吴志荣.数字图书馆：从理念走向现实［M］.上海：学林出版社，2000.

[33] 武汉大学信息管理学院.世纪历程［M］.武汉：武汉大学出版社，2020.

[34] 武三林，张玉珠.山西科技文献共享与服务平台管理及利用机制研究［M］.北京：科学技术文献出版社，2015.

[35] 夏立新.数字图书馆导论［M］.武汉：湖北人民出版社，2004.

[36] 阳广元.中国数字图书馆新技术运用研究的知识图谱：2004-2017［M］.北京：科学出版社，2018.

[37] 杨灿明.高校智慧图书馆服务创新研究［M］.长春：吉林科学技术出版社，2020.

[38] 张凤斌，肖荣荣，刘亚丽.复合图书馆建设研究［M］.哈尔滨：东北林业大学出版社，2012.

[39] 张海波.智慧图书馆技术及应用［M］.石家庄：河北科学技术出版社，2020.

[40] 张晶，刘建国.民航信息资源检索概论［M］.北京：科学技术文献出版社，2013.

[41] 张睿丽.数字图书馆资源管理与建设［M］.长春：吉林人民出版社，2019.

[42] 张树华，王京山，刘录茵，等.数字时代的图书馆信息服务［M］.北京：北京图书馆出版社，2005.

[43] 张永忠.数字图书馆操作与实务[M].上海：复旦大学出版社，2005.

[44] 赵吉文，李斌，朱瑞萍.数字图书馆建设与档案管理[M].汕头：汕头大学出版社，2021.

[45] 郑辉，赵晓丹.现代公共图书馆智慧服务平台建构研究[M].长春：吉林人民出版社，2020.